Elke Weiler

Unterwegs in Schleswig-Holstein

Slow Travel

Ellert & Richter Verlag

Inhalt

Was ist eigentlich Slow Travel?

Vom langsamen Reisen ist die Rede

Also ab aufs Fahrrad oder die Wanderschuhe schnüren und nur noch Zugfahren – ist es das? Nicht nur. Slow Travel ist mit Losgehen und Ankommen verknüpft. Die Umgebung mit allen Sinnen wahrzunehmen. Sowohl das Anreisen als auch das Vor-Ort-Sein bewusst und im besten Falle nachhaltig zu erleben. Aber wie geht das in der Praxis?

Erst einmal, Slow Travel ist zwar ein relativ junger Begriff, im Kern aber nichts Neues. Als junger Mensch bin ich oft mit dem Zug nach Italien gefahren und habe es genossen. Auf der Strecke konnte man meist schon schöne Gespräche führen, hinter der Schweizer Grenze das Fenster herunterschieben und den Duft von Kräutern inhalieren. In Italien angekommen, sich einfach treiben lassen, etwas Gutes essen, eventuell Freunde und Bekannte treffen. Ohne Eile etwas näher kennenlernen, eher mit den Jahren, weil Italien eine große Liebe war. Heute würde man das als langsames Reisen bezeichnen, auch wenn ich vor Ort selten mit dem Rad unterwegs war oder gewandert bin.

Slow Travel steht im Gegensatz zum schnellen Reisekonsum, bei dem man an verlängerten Wochenenden durch die Welt jettet, immer an einen anderen Ort, um nachher davon zu erzählen. Das Reisen ist zum Statussymbol geworden, und Slow Travel bezeichnet die Gegenbewegung, so wie Slow Food sich dem Fast Food gegenüberstellt.

Kann ich langsam reisen, ohne jahrelang an den selben Ort zu fahren? Natürlich. Für mich geht es dabei in erster Linie darum, etwas vom Geist des Ortes aufzuspüren. Mit Einheimischen in Kontakt zu kommen, erscheint mir dabei genau so wichtig wie etwas Typisches anzuschauen oder zu essen.

Slow Travel entsteht aus Neugierde

Der Reisende ist leise, drängt sich nicht auf, ist Beobachter wie Erlebender. Das geht in der Nebensaison meist besser, weil die Orte nicht so stark frequentiert sind. So kann man auch mal die Winterruhe spüren oder an einer Festivität wie dem Biikebrennen (S. 50 ff.) teilnehmen. In der stilleren Nachsaison ist es eher möglich, sich auf eine neue Kultur einzulassen, das andere Leben zu spüren.

Wichtig ist auch, eine Auswahl zu treffen, statt Sehenswürdigkeiten nach Plan abzuhaken. Lieber mal etwas länger in einem Museum bleiben, lieber ein sogenanntes Highlight der Region intensiver kennenlernen, als sich mit vielen Sehenswürdigkeiten unter Stress zu setzen. Vor Ort lokal zu speisen, also lieber das kleine Restaurant als die Kette zu beehren, und ebenso einzukaufen. Auch Natur- und Tiererlebnisse gehören für mich dazu. Wer beispielsweise neben einem Esel durch die Gegend spaziert, ist von sich abgelenkt und nimmt seine Umgebung anders wahr. Oftmals heißt es, ausgetretene Pfade zu verlassen, einfach mal um die Ecke zu schauen. Neue Perspektiven bei Altbekanntem einzunehmen.

Letztendlich soll das Buch nicht als Anleitung verstanden werden, das würde der Intention dieses Typs von Reisen widersprechen. Jeder wird seine Art von Slow Travel aufspüren, ich möchte vor allem Anregungen geben. Vielleicht wird sich der eine oder andere wundern, dass schöne und bedeutsame Orte von Schleswig-Holstein im Buch fehlen. Aber genau das ist Teil des Grundgedankens.

Bleibt mir noch, viel Freude beim Lesen
sowie vor Ort zu wünschen!

Elke Weiler

Das Ballett der Stare am Himmel
In Aventoft

Mindestens einmal im Leben, so finden die Dänen, sollte man eine *Sort Sol* miterleben. Eine schwarze Sonne? Es geht um die Stare, die sich im Frühjahr und Herbst in großen Scharen treffen. Wann und wo, bleibt ihr Geheimnis. Größere Schilfgebiete eignen sich bestens für die Nachtruhe. Je nach Licht und Wetter variiert der Zeitpunkt des Treffens. Kenner versuchen es etwa eine halbe Stunde vor Sonnenuntergang und fiebern dem Spektakel entgegen.

Freunde und ganze Familien stehen dann wartend auf dem Deich in Aventoft. Denn das Betrachten des Naturspektakels ist zugleich ein gemeinsames Erleben. Viele sitzen gemütlich auf Campingstühlen, ausgestattet mit Fernglas und einer Thermoskanne Kaffee oder einem Gläschen Wein, Blickrichtung Dänemark.

„An die 700.000 Stare werden wir heute sehen“, meint ein Safari-Guide. Doch die Singvögel kommen nicht alle auf einen Schlag. „Die Stare kommunizieren mit den Flügeln, und natürlich auch mit der Stimme“, erzählt der Guide.

Inzwischen treffen sie aus allen Richtungen im Schilfgebiet ein, es geht lauter zu als auf einer Kirmes. Das Ballett am Himmel hat begonnen, es schwingt, es schwebt, es wippt. Flotte Wellenbewegungen in der Luft. „Wie Wellenrauschen“, findet ein Familienvater. Jeder Schwarm ein akzentuiertes „Wusch“, ein Geräusch aufeinander abgestimmter Bewegung. Vogelschwärme, die aus einem Meer schwarzer Punkte in Formen fließen. Wie ein Wal, eine Qualle, ein Kamel. Amorphe Strukturen, die dahinschmelzen und sich neu gießen.

Einigen Watvögeln wird das Event zu bunt. Es sind ein paar der seltenen Kampfläufer, die nun das Weite suchen. Ab und an taucht ein Wanderfalke auf, der versucht, unter den Staren zu jagen. Erfolglos. Irgendwann ist der Höhepunkt des Schauspiels erreicht, dann haben sich die meisten unter heftigem Gezwitscher und

Gepiepe auf dem Schilf niedergelassen. Und die Zuschauer? Haben die Zeit vergessen. Sie sitzen einfach nur da, schauen in den Himmel und sind glücklich.

Besonderes & Schönes

Sort Sol, das Treffen tausender Stare im Schilf, ist nichts anderes als eine Verteidigungsstrategie gegenüber Raubvögeln. Dabei hilft die Geschwindigkeit, die die Vögel im Flug erreichen können. Die Stare bringen es fast auf 80 Kilometer pro Stunde.

Zwar gibt es einige Stellen, die bekannt sind für die Sort Sol in der Tøndermarsch, in Aventoft sowie am Gotteskoogsee. Doch eine Garantie dafür, das Niederlassen der Stare mitzuerleben, können selbst die Anbieter von Sort Sol Safaris nicht geben. Allerdings investieren sie viel Zeit in die Recherche, so dass sich die Wahrscheinlichkeit erhöht.

Eigentlich ist es schon schön, auf dem Deich bei Aventoft zu stehen, wenn sich die Schwärme nach und nach nähern. Einfach nur dort zu sein, in der Ruhe der Natur. In den Pausen vielleicht Rehe oder grasende Schafe zu beobachten. Dazubleiben, obwohl die Schwärme weiterziehen, weil ihr Treffen an einem anderen Ort stattfindet.

Sort Sol Safari
Slotsgaden 19
DK - 6270 Tønder
T. 0045-73726400
de.sortsafari.dk

Wunder der Natur: Schwärme von Staren formieren sich wie Wolken über Aventoft. Wo lassen sie sich nieder?

Staunen, schlemmen & shoppen

Die Gegend eignet sich bestens für grenzüberschreitende Aktivitäten. Man kann ein Rad in Aventoft leihen und eine Runde durchs Grenzgebiet drehen. Gleich hinter dem kleinen Ort liegt der Übergang am Møllehusvej. Bis zum historischen Zentrum der dänischen Nachbarstadt Tønder sind es nur sechs Kilometer. Eine Pause auf dem Marktplatz im *Klostercafeen* lohnt sich immer. Unbedingt die typische Schwarzbrottorte probieren! Neben Kaffee und Kuchen werden auch kleine Mittagsgerichte offeriert. Weiter geht es für vier Kilometer bis Møgeltønder, wo Schloss Schackenborg mit seinem Garten zu bewundern ist. Kopfsteinpflaster, hübsche Backsteinhäuser und Gemütlichkeit sorgen für Entspannung. Im Park macht Fylla Schokolade, Pralinen und beste dänische Schokoküsse, die bei einer Tasse Kaffee direkt verzehrt oder als Souvenir mitgenommen werden können. Fylla bietet auch Kurse an. Ein Stückchen weiter auf der Slotsgaden kann man Møgeltønder Antik durchstreifen, wunderschönen Vintage-Sachen auf der Spur. Auch die Kirche mit den ältesten Teilen aus dem 13. Jahrhundert ist einen Besuch wert. Der spätgotische Schnitzaltar wirkt lebhaft und bewegt. Über die Straßen Kogen und Ved Åen fährt man nach Rudbøl, eine Ortschaft mit einem der schönsten Grenzübergänge. Man kreuzt die Vidå um auf die deutsche Seite nach Rosenkranz zu gelangen, zur Linken breitet sich der Rüttebüller See aus. Alte Fischerhäuser säumen die Straße. Über die Aventofter Landstraße fährt man ein Stück parallel zum See und landet nach fünf Kilometern wieder am Ausgangspunkt.

Die deutsch-dänische Grenze zieht sich quer durch den schilfumrahmten Rüttebüller See, auf Dänisch Rudbøl Sø.

Fahrrad Wollesen
Dorfstraße 19
25927 Aventoft
T. 04664-249
fahrrad-wollesen.de

Klostercafeen
Torvet 11
DK - 6270 Tønder

Fylla Chocolate
Slotsgaden 29A
DK - 6270 Tønder
fyllachocolate.dk

Møgeltønder Kirke
Sønderbyvej 2
DK - 6270 Tønder

Dem Nirwana nah
Am Gotteskoogsee

12 Gleich hinter dem Holzhaus spürt man es. Wer auf der leichten Anhöhe steht und den Blick schweifen lässt, scheint in der Landschaft zu versinken. Himmelweite Einsamkeit. Einst waren hier Sümpfe, Moore und das Meer, wo man heute trockenen Fußes über Wege spaziert. Jeder Schritt federt auf dem dunklen, torfartigen Boden. Am Anfang ist der Weg noch breit, und vereinzelte Bauminseln durchbrechen das Flache. Noch sind die Stimmen anderer Wanderer zu hören, dann verschallen sie. Alles verliert sich an diesem seltsamen Ort.

Plötzlich sprießt Rainfarn in die Höhe, ein gelber Klecks in der Landschaft. Ein süßlicher Duft liegt in der Luft. Dann wird der Pfad schmal, ringsherum wuchert das Grün. Man läuft zwischen mannshohem Schilf oder zwängt sich an querstehenden Brombeerzweigen vorbei. Eine Brücke führt über ein stehendes Gewässer. Mitten im Nichts eine kleine Plattform, ein Ausblick auf schilfgerahmtes, mit Seerosen bewachsenes Wasser. Wer im Frühjahr oder Herbst kommt, kann bei Sonnenuntergang vielleicht dem Tanz der Stare zusehen, bevor sie sich im Schilf zum Schlafen niederlassen. Die restliche Zeit des Jahres ist es ein meditativer Ort inmitten des Gotteskoogsees, der eigentlich keiner ist. Vielmehr handelt es sich eine renaturierte Landschaft. Wenn der Wind nicht zu laut durch das Blattwerk der Bäume und Büsche streicht, sind die typischen Laute des Schilfrohrsängers oder der Ruf der Großen Rohrdommel zu vernehmen. Ein Ort, den Mensch und Tier gleichermaßen zum Rückzug schätzen. Ein Ort, an dem die Stille wohnt. Ein Ort, an dem man nicht merkt, wie die Zeit vergeht.

Gotteskoogsee
Broder-Paysens-Weg / Richie-Hügel
25923 Uphusum

Rund um den Holzsteg wuchert das Schilf. Wer weitergeht, findet ein einsames Plätzchen mit Blick übers Wasser.

Besonderes & Schönes

Schon im 16. Jahrhundert entstand zwischen Niebüll und der dänischen Grenze mit über 10.000 Hektar der größte Koog Nordfrieslands, der vor allem landwirtschaftlich genutzt wird. Priele durchzogen einst das Land, Halligen erhoben sich aus der weiten Fläche, an die heute noch Straßen- und Ortsnamen erinnern, etwa Hallig Grönland. Anderthalb bis zwei Meter liegt der Gotteskoog unter Normalnull und stellt damit den tiefsten Punkt der Region dar. In den 80er Jahren des letzten Jahrhunderts entstand durch Renaturierung das heutige Süßwasserbiotop Gotteskoogsee auf 275 Hektar.

Im Frühjahr und Herbst sind mit etwas Glück Stare zu beobachten, stets wohnt hier die Ruhe.

Schlemmen & shoppen

Für einen Kaffee muss man schon ein Stückchen radeln, wenn man den Gotteskoogsee besucht hat. Als da wäre das *Café Deichtraum* in der Nähe von Galmsbüll, etwa 14 Kilometer vom Richie-Hügel entfernt. Neben leckeren Torten und Waffeln stehen kleine Mahlzeiten wie Suppen und Brote zur Auswahl. Draußen blickt man über die Fennen, bei Wind sind die Strandkörbe gemütlich. Drinnen wirkt es hell und nördlich charmant. Ein kleiner Bereich mit Teekannen, Emaillebechern etc. lädt zum Einkaufen ein.

Oder man fährt gleich nach Niebüll und profitiert von der städtischen Auswahl. Im *Küstenfeeling Café & Mode* lässt man sich vor oder nach dem Shopping auf einen Kaffee mit Kuchen, Waffeln oder hausgemachtem Tiramisù nieder. Manche kehren auch nur dafür ein.

Wer dann schon einmal in der Nähe ist, könnte gleich ein wunderschönes Vintage-Kino besuchen. Für eine Stadt mit gut 9.000 Einwohnern weist Niebüll mit *Eck's Kino* einen Schatz auf,

der seit den 50er Jahren im Familienbesitz ist. Eine gute Mischung aus Arthouse- und Popcorn-Filmen ist im Programm. Im Norden erfreuen sich seit den 70er Jahren die sogenannten Verzehrkinos großer Beliebtheit. Das bedeutet, Wohnzimmer-Atmosphäre mit Teppich und Tische mit Lämpchen sowie eine Klingel, um etwas zu bestellen.

Café Deichtraum
Marienkoogsdeich 1
25899 Galmsbüll
T. 04665-2599972
cafedeichtraum.de

Eck's Kino
Hauptstraße 37a
25899 Niebüll
T. 04661-4004
ecks-kino.de

Küstenfeeling Café & Mode
Hauptstraße 37
25899 Niebüll
T. 04661-6075927

Die Kraft des Wassers Longe-Côte auf Sylt

Claudia Niehues hat ihren Dienst als Badeaufsicht am Strand von Hörnum gerade beendet. In dem leicht erhöhten Holzhaus streift sie den Neoprenanzug über und greift zum Paddel. So gerüstet geht es an die Wasserkante. Die Nordsee gibt sich ungewöhnlich leise, das Wasser leuchtet so wunderbar türkis, dass man einfach nur schwimmen möchte.

Aber nun geht es um Longe-Côte. Die Surferin Claudia kann in den in Nordfrankreich beliebten Sport einweisen. Entlang der Küste heißt Longe-Côte übersetzt und meint: entlang der Küste laufen. Im Wasser. Die Kraft des Wassers spüren. Zum besseren Vorankommen helfen dabei Spezialpaddel, deren korrekte Handhabung Claudia gleich demonstrieren wird.

Aber erst mal aufwärmen und sämtliche Körperpartien bewegen, Stretching am Strand. Es folgen die Trockenübungen mit dem

Ein für Wasserwanderer zertifizierter Pfad führt bei Hörnum in bauch- bis brusthohes Wasser.

Wenn die Brandung am Weststrand von Sylt ausnahmsweise Ruhe gibt, freuen sich die Schwimmer. Das ist auch die ideale Zeit für Longe-Côte.

Spezialpaddel. Dabei geht es nicht nur ums korrekte Halten, sondern vor allem um die Koordination von Arm- und Beinbewegungen.

Auch wenn das ungefähr vergleichbar mit Nordic Walking ist und einen fließenden Bewegungsablauf darstellt, wird im Wasser alles anders. Irgendwie stört das Paddel, das man bei der Trockenübung noch wie ein Samurai-Schwert in Zeitlupe durch die Luft schwenkt, und mal rechts, mal links kreisen lässt.

Dann kommt der spannende Moment, wir schreiten durch das langsam tiefer werdende Wasser. Nur Claudia weiß, wo der zertifizierte Longe-Côte-Weg anfängt und aufhört. Sie geht tiefer hinein und erklärt, dass die Wasserlinie optimal zwischen Bauch und Brust liegen soll, damit man nicht kippt oder ein Hohlkreuz macht.

„Die Bewegung kommt nicht aus den Armen und Schultern, sondern aus der Mitte", erklärt sie. Irgendwie paddelnd läuft man durchs Wasser. Keine Spur vom korrekten Flow, zumindest am Anfang. Wer versucht, sich auf das Gelernte zu konzentrieren, gerät gleich aus dem Rhythmus. Wird quasi zum Spielball der Kräfte im Wasser. Neuer Versuch mit Paddel. Noch einer. Und noch einer. So gegen Ende des Kurses kommt der Punkt, da macht es plötzlich Spaß. Man fühlt den Takt, abgestimmt auf die Bewegung des Wassers. Da ist es leider schon vorbei. Wir stehen wieder am Strand, als ein glänzender Kopf aus dem Wasser ragt. Eine Robbe! Das neugierige Tier wollte mal schauen, was wir so treiben. Wasserwandern! Mit Stock! Diese Menschen.

Besonderes & Schönes

Longe-Côte wurde 2005 von Thomas Wallyn in Dunkerque als Training für Ruderer erfunden. Doch es fand größeren Zuspruch, und so wurde 2009 der erste offizielle Longe-Côte-Weg der Region eingerichtet. Wer diesen Sport betreibt, wird in Frankreich „longeur" genannt. Die Nutzung des Paddels unterstützt die Bewegung im Wasser, ist aber nicht zwingend erforderlich.

Longe-Côte gilt als gelenkschonendes Ganzkörpertraining, Thalasso-Effekt inklusive. Außerdem ist es ein geselliger Sport, da es meist in Grüppchen betrieben wird, die dann im Entenmarsch voranschreiten. In Nordfrankreich verabredet man sich regelrecht zum Wasserwandern. Wichtig ist, dass das Wasser nicht zu bewegt, die Wellen nicht zu hoch sind.

Wer in Hörnum ist, könnte eine Wanderung rund um den südlichsten Zipfel von Sylt machen, die Odde, und neben Salz auf den Lippen und dem Wind die Vergänglichkeit des Ortes spüren. Hier nagt das Meer bei einem Sturmtief besonders an der westlichen Dünenkante. Man arbeitet mit Sandaufspülungen gegen den Landverlust an, Tetrapoden sollen Hörnum schützen.

SUP Surf Sylt
Claudia Niehues
Westertresker 1
25980 Sylt
sup-surf-sylt.de

Alles beginnt mit Aufwärmübungen: Claudia Niehues bereitet sich auf das Wasserwandern in Hörnum vor. Longe-Côte gilt als gelenkschonendes Ganzkörpertraining.

Vom Weststrand zur Wattseite ist es nicht weit in Hörnum. Rund um die Odde, dem wilden Südzipfel von Sylt, lockt eine Wanderung. Salz auf den Lippen inklusive.

Schlemmen & shoppen

Direkt am Wasser zu speisen, ist das Schönste. Oder wie im *Stræend* in den Dünen. Mit Terrasse und Sonne im Gesicht. Kulinarisch setzen die Hörnumer auf Bowls und Burger, Chili sin carne, aber auch Klassiker wie Currywurst. Pavlova und Waffeln gibt es unter anderem zum Kaffee. Zudem lassen die Inhaber Taschen, Handtücher und Wollmützen produzieren, die im Laden und online verkauft werden.

Auch das *Kap-Horn* passt zum wilden Ende Sylts. Hier taucht man nach einer Strandwanderung ab. Wärmt sich mit einer Bouillabaise, diniert im Strandkorb mit Gemüse- oder Muschelpfanne Sylter Art und gönnt sich Rote Grütze oder Oma Hansines Milchreis. Man lässt Merchandising-Artikel wie Steppwesten und Hoodies produzieren. Ein Stück Sylt für zu Hause.

Stræend Sylt
Jan Wehrheim & Dennis John
Am Campingplatz 3
25997 Hörnum
T. 04651-9364333
straend-sylt.de

Strandrestaurant Kap-Horn
Lars Horn
Süderende 24
25997 Hörnum
T. 04651-881548
kap-horn-sylt.de

Der Kniepsand und die Strandhütten
Amrum

Ganz legal sind die windschiefen Häuschen nicht. Doch wenn eine Strandhütte aus Treibgut gebaut wurde, dulden die Amrumer Behörden sie. Hier, in den endlosen Weiten des Kniepsands wirkt jene gelungene Komposition wie das I-Tüpfelchen einer Welt aus Sand, Muscheln, Meer und Wolken. Wie eine Strandgeburt. Wie etwas, das erfunden werden müsste, gäbe es die fleißigen bis verrückten Menschen nicht, die ihre Strandhütte jeden Herbst im Sand verscharren, um sie vor den Winterstürmen zu schützen. Um sie jedes Frühjahr durch Kreuzpeilung wiederzufinden und neu aufzubauen. Um die Herzen zahlreicher Strandspaziergänger zu erfreuen, denen die Hütten Schutz vor Regen und Wind oder einfach einen ungewöhnlichen Ort für eine Pause bieten. Die Hütten sind Kult, es waren einmal viel mehr. Und das Sammeln

Unter der Saison wird es bunt auf dem Kniepsand, wenn die Strandkörbe dem ewigen Wind trotzen, und man sich darin einkuscheln kann wie am Strand von Norddorf.

Einsam ragt die aus Treibgut erbaute Strandhütte empor. Sie bietet Unterschlupf bei Regen, kann Rastplatz und Treffpunkt für Strandwanderer sein.

von Strandgut hat eine lange Tradition auf der Insel, länger noch als der Bau der Hütten. Schon vor Jahrhunderten haben die Amrumer Brauchbares auf dem Kniepsand gesammelt. Es gab sogar Zeiten, da führten sie vorbeifahrende Schiffe in die Irre, damit diese vor der Küste kenterten.

Wer noch vor dem Amrumer Leuchtturm abbiegt und die Dünen überquert, sichtet schon von weitem etwas, das sich aus dem Sand aufrichtet. Rundherum ist nichts. Die Sonne brennt auf der Haut, es ist einer jener kostbaren Sommertage. Barfuß, immer nur barfuß möchte man laufen. Am liebsten in einer Hütte am Strand wohnen. Eine andere Spaziergängerin lässt sich vor der Hütte nieder. Durch das ganze Arrangement, die Hängematte, die offene Tür, weht ein Hauch von Anarchie und Freiheit. Die Frau löst den Hebel, ein querstehendes Hölzchen, und geht durch den schmalen Eingang hinein. Nicht nur von außen ist die Bude ein Meisterwerk aus Treibholz. Auch im Innern überzeugt sie bis in die Details. Die Besucherin kennt sich aus. Zielstrebig steuert sie auf einen Eckschrank zu, zieht ein Buch hervor und liest laut daraus vor. Gästeeinträge, restlose Begeisterung.

Schließlich verabschiedet sie sich, da ist schon der nächste Neugierige im Anmarsch. Die Strandhütte als Epizentrum des sozialen Lebens am Strand. Wildfremde Menschen kommen hier ins Gespräch. Sie schaukeln glücklich in der Hängematte oder lesen ein Buch auf der Bank vorm Haus. Etwas weiter ragt eine Ruine aus dem Sand heraus. Ein Sommersturm muss an ihr genagt haben, sie wurde nicht wiederaufgebaut. Doch nördlich des Strandabschnitts von Nebel soll es weitere funktionstüchtige Exemplare geben. Ein Stück Amrum würde verloren gehen, wenn sie irgendwann niemand mehr aufbaute.

Besonderes & Schönes

Die Nordseeinsel zieht ganzjährig Naturliebhaber und Ruhesuchende an. Das Auto kann man gerne zu Hause oder auf dem Parkplatz in Dagebüll lassen, auf Amrum ist Radfahren angesagt. Besonders im Frühjahr und Herbst kommen Vogelkieker auf ihre Kosten, wenn überall auf den Wiesen das Geschnatter der Wildgänse zu hören ist. Auch Alpenstrandläufer, Eiderenten, Kiebitze, Knutts und diverse Möwenarten bevölkern die Insel. Im August leuchtet Amrum rosa, wenn die Heide blüht.
Der sogenannte Kniepsand wandert als eine Art Hochsand langsam weiter. Er fungiert nicht nur als enormer Strand, sondern schützt die Westküste vor Überflutungen. Über 15 Kilometer lang und stellenweise bis zu anderthalb Kilometern breit, wirkt er wie eine Wüste. Noch vor 60 Jahren trennte ein Priel den Kniepsand

Verein Jordsand e. V.
25946 Norddorf/Amrum
T. 04682-2332
jordsand.de/amrum/

Glück ist, wenn sich der Weg zum Strand plötzlich weitet und das Rauschen des Meeres zu hören ist.

Zum Schutz der Natur: Nur über Bohlenwege kann man durch die Amrumer Dünenlandschaft laufen.

von der Insel, nun scheint er das Eiland im Westen zu umarmen. Einst lockten die Inselbewohner mit Irrfeuern Schiffe an, Strandpiraterie zählte zu ihren Einkommen. Heute ernährt der Tourismus die Insel, und dazu tragen Kniepsand und Dünen einen enormen Teil bei.

Vogelkiek

Die Odde im Norden steht unter Naturschutz, betreut vom Verein Jordsand. Nur der Vogelwart kann Interessierte von Mai bis Oktober in das Gebiet lassen. An der Wattseite führt ein Bohlenweg zum ausgeschilderten Treffpunkt. Die Führung durch das Schutzgebiet ist behutsam, es geht zu einer Aussichtsplattform auf einen Dünenkamm. Neben Zwergseeschwalben, Eiderenten und Brandgänsen sind vor allem Silber- und Heringsmöwen zu sehen, die ihre Nachkommen betreuen.

Der Sonnenuntergang am Strand, ein Westküsten-ritual. Alle treffen sich noch einmal, um den Tag zu verabschieden.

Einladend schaukelt die Hängematte bei der Strandhütte im Wind, auch sie wurde größtenteils aus Treibgut gebastelt.

Inselgeschichte

Das *Öömrang Hüs* aus dem 18. Jahrhundert besteht aus Backstein und Reet. Im Innern zieren holländische Fliesen die Wände, und man fühlt sich nebst Alkovenbetten, Beilegerofen und weiteren historischen Details in eine andere Zeit zurückversetzt. Hark Nickelsen, dem wohl bekanntesten Kapitän der Insel, ist eine eigene Ausstellung gewidmet. Im 18. Jahrhundert lebten die Insulaner von der Seefahrt, und Nickelsen versuchte ebenfalls sein Glück auf dem Wasser. Er fiel Sklavenhändlern in die Hände, arbeitete drei Jahre als Kaffeeschenker in Algier, wurde schließlich von Portugiesen freigekauft. Nickelsen fuhr erneut zur See und wurde als Sklavenhändler reich.

Öömrang Hüs
Waaswai 1
25946
Nebel/Amrum
T. 04682-4153
oeoemrang-hues.de

Hofladen-Tipp

Feinheimisch-Mitglied Familie Martinen bietet eigene Eier von Hühnern aus Freilandlandhaltung, die mit dem Hühnermobil unterwegs sind. Außerdem Rapsöl aus der Hofproduktion, Amrumer Nudeln und Brötchen von der Bäckerei Claussen aus Nebel. Nicht zu vergessen: das Fleisch der Rinder, die im Sommer auf den Amrumer Weiden grasen. Im Winter, wenn die Tiere im Stall sind, verzehren sie vor allem Futter aus eigenem Anbau.

Hof Martinen
Hark-Olufs-Wai 6
25946 Nebel
T. 04682-1533
hof-martinen.de

Eine Nacht am Meer
Im Schlafstrandkorb auf Föhr

Die Urlauberin bleibt vor dem Staketenzaun stehen. Viel gibt es allerdings nicht zu sehen. Das Bett für eine Nacht wirkt spartanisch, wenn auch mit rosa Bettwäche in Szene gesetzt. Manch ein Spaziergänger unkt, das wäre nichts für ihn, zu unbequem, doch die doppelte Matratze erfüllt ihren Zweck. Andere lockt das Abenteuer, eine Nacht am Strand zu verbringen.

Eines gleich vorneweg: Hier, umgeben von Sand, sollte man sich nicht der Illusion hingeben, das Bett sandfrei halten zu können. Im Innern des außergewöhnlichen Strandkorbs ist alles gut durchdacht, auch der rare, schranklose Stauraum. Kein Problem für eine Nacht, wenn man mit wenig Gepäck anreist.

Das Bett am Strand ist bezogen, nun kann man sich stärken für die Nacht im Freien. Im Strandlokal läuft Reggae, doch dunkle Wolken ziehen am Horizont auf. Keine Musik der Welt kann sie aufhalten. In Utersum soll man zwar den schönsten Sonnenuntergang von ganz Föhr erleben, aber ob das bei diesem Wetter ein Farbspektakel wird, ist fraglich. Immerhin sitzt man szenisch zwischen Amrum und Sylt. Als der Sommerregen vom Tröpfeln in einen leichten Schauer übergeht, bleibt erst mal nur noch eins: die Flucht in die kleine Oase am Strand. Der Schlafstrandkorb funktioniert nämlich wie ein Cabriolet mit aufklappbarem Dach. Und innen sitzt man fast wie in einem U-Bötchen. An den Gucklöchern kleben Regentropfen, was für ein Auftakt, dieses sachte Prasseln aufs Cabriodach. So ein Schlafstrandkorb ist demnach nur entfernt mit dem Urtypus verwandt. Er ist breiter, grauer, rechteckiger, moderner. Fast wirkt es so, als hätte jemand einen übergroßen Schlitten auf Kufen und mit Verdeck an den Strand gebracht. Ein behäbiges Ufo mit Höhlen-Feeling. Und ein Ort zum Sitzen, Liegen, Kuscheln, Reden, Sinnieren, Philosophieren, Nächtigen.

Dazu das leise Rauschen der Wellen, das fast nie aufhört. Ebbe und Flut existieren schließlich auch rund um Föhr. Irgendwo reden ein paar Urlauber, die man nicht sieht. Ein Rabe läuft über den Sand, Möwen schreien. Der Wind rüttelt am Dach. Zwar regnet es nicht mehr, doch segeln weiterhin Wolken auf Föhr zu. Das Strand-TV hat aktuell Spaziergänger an der Wasserkante auf Sendung. Unterbrochen wird die Ausstrahlung von einem Falter, jetzt live im Schlafstrandkorb. Aufgeregt. Vorsichtig wird er hinauskomplimentiert, schließlich hat man nicht für zwei gebucht.

Pünktlich vor Sonnenuntergang reißt der Himmel auf und startet seine Show. Zwar bläst der Wind gehörig, doch kommen alle zurück, um das Tagesende zu zelebrieren. Schließlich leert sich der Strand. Irgendwann fällt man in einen leichten Schlaf, obwohl von irgendwoher dumpfe Musik ertönt. Sind da Stimmen, oder ist es ein Traum?

Gegen Morgen bringt die Flut das Meeresrauschen zurück, das beste Schlafmittel der Welt. Doch zwischen sieben und acht Uhr kommt die Zeit, das Dach des Ufos hochzuklappen und den Morgen bei dramatischer Stimmung zu genießen. Das Meer leuchtet auf, in gleißend hellem Licht.

Ein Cabrio der anderen Art: Wer das Dach des Schlafstrandkorbs öffnet, schaut geradewegs in den Himmel und kann in wolkenlosen Nächten nach den Sternen greifen.

Im Schlafstrandkorb auf Föhr ist man umzingelt von normalen Strandkörben. Tagsüber das pralle Leben, nachts hat man den Strand quasi für sich.

Besonderes & Schönes

Auf Föhr stehen die Schlafstrandkörbe in Wyk, Nieblum und Utersum zur Verfügung. Man kann einen Schlafsack mitbringen oder Bettwäsche hinzu buchen. So ein Zeltersatz misst 1,30 mal 2,40 Meter. Taschenlampe und Handbesen gehören zur Grundausstattung. Da man im Korb schlecht einen Rucksack oder Koffer verstauen kann, bietet sich eine Übernachtung am Strand an, wenn man sowieso seinen Urlaub auf der Insel verbringt und etwas Besonderes erleben möchte. Oder man reist mit leichtem Gepäck. In Utersum sind die Schlüssel bei der Tourist-Info abzuholen. Beim nahen Kiosk stehen Toiletten und Waschbecken zur Verfügung.

Schlemmen & shoppen

Die größte Auswahl gibt es in Wyk. Das wäre zum Beispiel die *StattBar*, wo es neben frischen Croissants auch vegane Tramezzini gibt, belegte Weißbrotdreiecke, wie sie in Italien gerne zum Lunch gegessen werden. Oder darf es mal portugiesisch sein? Der Tag könnte mit Pasteis de Nata und einem Cortado beginnen. Übrigens gibt es die Kaffeevarianten auch mit Hafermilch. Die verwendeten Kaffeebohnen stammen aus nachhaltigem Anbau und sind fair gehandelt. StattBars Spezialitäten vom Kaffee bis zum Cabernet gibt es auch zum Mitnehmen.

Für höchste Genüsse stehen Daniela und René Dittrich mit ihrem Team im *Alt Wyk*. Egal ob Rind mit Muskatkürbis oder Käse von Backensholz auf dem nordfriesischen Festland, die Zutaten sind akribisch ausgewählt. Was in die Küche kommt, soll saisonal und frisch sein. Vom Brot bis zum Keks ist alles selbstgemacht. Man ist übrigens Partner des Naturgenussfestivals der Stiftung Naturschutz Schleswig-Holstein und freut sich seit 2012 über einen Michelin-Stern.

StattBar
Westerstraße 1
25938 Wyk auf Föhr
T. 04681-7480666
stattbar.de

Restaurant Alt Wyk
Große Straße 4
25938 Wyk auf Föhr
T. 04681-3212
alt-wyk.de

Kulturtipp

Wer auf Föhr landet und sich für Kunst interessiert, kommt an einem Besuch des *Museum Kunst der Westküste* in Alkersum nicht herum. Es konzentriert sich auf den Lebensraum der Küsten in den Niederlanden, Deutschland, Dänemark und Norwegen. Der Schwerpunkt liegt auf der Malerei zwischen 1830 und 1930, in der das Licht eine tragende Rolle spielt. Der Bestand wird in Wechselausstellungen präsentiert. Und der dazugehörige *Grethjens Gasthof* bleibt seiner Tradition als Treffpunkt für Einheimische wie Besucher treu. Die Kartoffeln fürs Rösti bezieht man hier übrigens vom Föhrer Hof Arfsten.

Museum Kunst der Westkünste
Hauptstraße 1
25938 Alkersum / Föhr
T. 04681-747400
mkdw.de

Spuren im Schlick
Von Pellworm nach Hallig Süderoog

Noch steht etwas Wasser im Watt und glitzert in der Sonne. Am Treffpunkt, der Abgangsstelle WW4 auf Pellworm, finden sich immer mehr Wanderfreudige ein. Sie wollen mit dem Postboten Knud Knudsen nach Hallig Süderoog laufen. Barfuß oder mit Wattschuhen. Selbst bei 13 Grad in der Sonne erscheint Knud in Shorts. Oberkörper und Beine braungebrannt, die Fußsohlen unempfindlich gegenüber Muschelschalen.

Knud schaut in die Runde und gibt Infos sowie Anweisungen zur Tour. „Das Wasser im ersten Priel reicht ungefähr bis hier", Knud hält die Hand an seinen Oberschenkel. „Und wir stehen stellenweise etwa knöcheltief im Schlick." Bitte Vorsicht auf dem letzten Stück! Da sollten wir uns möglichst an den Wattführer halten, beziehungsweise seinen Spuren folgen, um nicht noch mehr einzusinken.

Knud Knudsen läuft die gut sechs Kilometer lange Strecke sommers wie winters hin und zurück, um die Post zur Hallig zu bringen. Eigentlich ist er Wasserbauer und arbeitet im Küstenschutz. Nach etlichen Jahren kennt der Über-60-Jährige den Weg von Pellworm nach Süderoog in- und auswendig. Kein Wunder, geht er ihn doch zwei bis drei Mal pro Woche. Manchmal nimmt er Gäste mit, so wie heute. Paare, Familien mit Kindern und ein paar Hunde begleiten die Tour. Als Knud losläuft, hat sich das Wasser fast ganz zurückgezogen, nur im angekündigten Priel steht es noch. Jene Meeresarme laufen als erste voll, wenn die Nordsee zurückkommt. Wir nutzen das ablaufende Wasser, um zur Hallig zu gelangen.

Das setzt uns unter einen gewissen Zeitdruck: 90 Minuten hin, 90 zurück, dazwischen eine Stunde Pause auf der Hallig. Der Boden erzählt unter unseren Füßen, während die Wanderer ins Gespräch kommen. Alles dreht sich um Schlick, Watt und Muscheln. Wir

Noch liegt im Pellwormer Hafen eine kleine Kutterflotte. An bestimmten Tagen werden fangfrische Krabben verkauft.

fragen uns, wie schwer der Rucksack des Postboten ist, erwägen das Für und Wider von Barfußwanderungen.

Die Zeit verfliegt, während wir schon parallel zur Hallig laufen – immer brav im Meer der Spuren bleibend. Dann der große Moment, wir erreichen Süderoog. Die Halligleute Nele und Holger betreiben neben ihrer Tätigkeit im Küsten- und Naturschutz einen Arche-Hof für seltene und gefährdete Haustierrassen. Auf den Salzwiesen können wir Hochlandrinder, Schweine und Coburger Fuchsschafe ausmachen.

Im Innenhof der dreiseitigen uthlandfriesischen Bebauung wundern sich alle über den leuchtenden Garten mitten im Wattenmeer. Sogar Bienen gibt es hier. Nele und Holger haben nämlich zwei Völker der eigentlich in der Region beheimateten Heidebienen aus dem norwegischen Flekkefjord eingebürgert, wo sie noch geblieben sind.

Wir inhalieren die salzige bis süßlich schmeckende Luft auf der Hallig und decken uns bei Nele mit Kartoffelsuppe, Zitronen- oder Mandelkuchen ein. Nach dem Essen führt Holger uns durchs Haus. In den Schutzraum, den sie 2013 zu Zeiten des Sturmtiefs

Xaver erstmalig benutzt haben, sieht man mal vom Vogelzählen ab. Dafür eignet sich der Raum im ersten Stock nämlich bestens. Wir sind mitten im Nationalpark, Schutzzone 1. Bis Ende Mai logieren die Ringelgänse auf den Halligen.

Nele und Holger haben einen wilden Haufen von dem Müll zusammengetragen, der Jahr um Jahr auf Süderoog angespült wird. Da steht ein englischer Fernseher neben Kitesurfbrettern, Fischerhandschuhen, Schutzhelmen, Schuhen und Kinderspielzeug. Nicht selten müssten sie Seevögel von den Plastikschnüren ausgedienter Luftballons befreien, manchmal käme jegliche Rettung zu spät.

Hin und wieder lande eine Flaschenpost bei ihnen, wobei das Glas manchmal an einer Steinböschung zerschelle. Doch zuletzt sei noch ein Brief aus Norwegen angekommen. Wir folgen Holger zurück ins Erdgeschoss, gehen hinaus und begutachten die an der Fassade dekorierten Heckfiguren der *Ulpiano*. Früher liefen nämlich häufiger Schiffe vor Nordfriesland auf Sand, wie etwa die Bark *Ulpiano* an Heiligabend 1870.

Während Knud schon wieder startklar ist, er muss die Gruppe ja rechtzeitig vor dem Zurückdrängen des Wassers nach Pellworm geleiten, begutachten wir noch den Pesel des Hauses, die sogenannte kalte Pracht uthlandfriesischer Häuser. Die gute Stube „Döns“ wurde einst mit einem Beilegerofen beheizt, der kühle, aber repräsentative Pesel nur zu besonderen Anlässen benutzt.

Wie ein Spiegel wirkt die Wattfläche. Man läuft über den Meeresboden, immer dem ablaufenden Wasser hinterher.

Heute können hier Paare auf Süderoog heiraten. Sie wandern mit Knud durchs Watt, sagen Ja, lassen sich von Nele und Holger kulinarisch verwöhnen und werden später von einem Schiff abgeholt. Immerhin formt die Hallig, von oben betrachtet, ein Herz im Watt.

Besonderes & Schönes

Neben den Wattwanderungen nach Süderoog finden auch geführte Touren nach Hooge und zur Norderhever statt. Da es im Watt gefährliche Schlickfelder gibt, sollte man sich nicht allein hinauswagen und stattdessen auf einen der kundigen Wattführer vertrauen. Auch die Schutzstation Wattenmeer auf Pellworm veranstaltet Touren.

Kur- und Tourismusservice Pellworm
Uthlandestraße 6
PelleWelle Gebäude 2.Stock
25849 Pellworm
T. 04844-18940
pellworm.de/aktivitaeten/wattwanderung-in-der-nordsee/

Schutzstation Wattenmeer
Nationalparkhaus
Tammensiel 6
25849 Pellworm
T. 04844-760
schutzstation-wattenmeer.de/unsere-stationen/pellworm/

Radfahren

Pellworm ist eine Marschinsel, daher schön flach und angenehm zum Radeln. Der Autoverkehr hält sich in Grenzen, was die Luft und das Erlebnis noch besser macht. Man kann rund um das Eiland fahren oder quer drüber. Eine Kombination aus Beidem empfiehlt sich, um mal am Wasser, mal im Innern der Insel zu landen. Die Außendeichrunde beträgt 28 Kilometer, die Koogrunde über Leuchtturm, Neue Kirche und Solarfeld 14 Kilometer.

Momme von Holdt
Inselfahrräder
Uthlandestr. 4
25849 Pellworm
T. 04844-348
fahrraeder-pellworm.de

Andre Andersen
Rungholtweg 2 & Westertilli 14
25849 Pellworm
T. 04844-992385
inselurlaub-pellworm.de

Schlemmen & shoppen

Wer auf Pellworm die Außendeichrunde radeln möchte, hat etwa 28 Kilometer vor sich.

Auf Pellworm sah man früh die Zeichen der Zeit, investierte in Wind- und Sonnenenergie. 1983 entstand mitten auf der Insel ein Solarfeld, dessen Module inzwischen recycelt wurden. Seit 2013 ist die Insel Modellregion für die Energiewende. Im Info-Zentrum

erfährt man mehr über die Schwankungen in der Stromproduktion: Insgesamt gewinnen die pfiffigen Pellwormer drei Mal mehr Energie, als sie verbrauchen. In das Besucherzentrum des Hybridkraftwerks ist das *SolarCafé* integriert, wo frisch gebackener Kuchen und Waffeln munden.

Am besten regional heißt die Devise im *Gasthaus Hooger Fähre* auf Pellworm. Über zwei Etagen trifft Tradition auf einen frischen maritimen Look im Innern oder draußen auf der Sonnenterrasse in Deichnähe. Das Rindfleisch stammt aus Nordfriesland, für Gerichte wie den Pellwormer Fischtopf kaufen Kirsten und Stephan Schuldt und ihr Team nach Möglichkeit am Hafen in Tammensiel ein. Und je nach Saison kommen selbstgepulte Krabben auf den Teller – ebenfalls frisch vom Kutter. Auch für ein Fischbrötchen oder einen Kaffee nebst hausgemachtem Kuchen lohnt sich der Besuch. In der oberen Etage können auch Mitbringsel wie geschnitzte Anker oder Eingelegtes ausgewählt werden.

Im *Hofladen* von Familie *Thams* stehen Gemüse, Fleisch von der Insel, Milchprodukte und diverse Grundnahrungsmittel zur Auswahl – alles in Bio-Qualität. Die Eier kommen von einem Pellwormer Hühnerhof. Darüber hinaus bieten sie die „Schnelle Mahlzeit im Glas" für alle, die gerade keine Lust aufs Kochen haben. Auch ein opulenter Frühstückskorb für die Ferienwohnung kann ausgeliefert werden.

SolarCafé
In de See 1 A
25849 Pellworm
T. 04844-7119014
solarcafe-pellworm.de

Hooger Fähre 6
25849 Pellworm
T. 04844-992323
gasthaus-pellworm.de

Insel Hofladen Thams
Schulstrasse 1
25849 Pellworm
T. 04844-369
pellworminsel-hofladen.de

Schöner Baden
In Dagebüll

Ein paar Möwen sitzen auf den rostigen Pfählen des Anlegers und schauen der ablegenden Fähre hinterher. Vom Aussichtsturm im Hafen kann man es ihnen gleichtun. Aufs Meer sehen oder die sanft geschwungene, fast inselartige Küstenlinie bewundern. Denn Dagebüll, Fahretoft und Waygaard, die heute zum Festland gehören, waren allesamt Halligen.

Bis zur Eindeichung zu Beginn des 18. Jahrhunderts blieb Dagebüll es auch. Der Kern der Hallig war der gut zwei Kilometer vom Hafen entfernt liegende, heutige Ortsteil Dagebüll-Kirche. Erst 1704 erhielten die Dagebüller die Möglichkeit, das Land besser vor Sturmfluten zu schützen und durch einen Damm mit dem Festland zu verbinden. Alles veränderte sich, auch die Transportwege. Wo einst ein Arm der Nordsee zum nahen Fahretofter Hafen führte, befindet sich heute eine Straße.

In den 20er Jahren des 20. Jahrhunderts traten die ersten Badehäuschen in Erscheinung. Und sie hielten sich, auch jetzt, nach der Fertigstellung des neuen Klimadeichs.

Vom Hafen geht es zu den Inseln und Halligen. Doch es lohnt sich, einmal im Städtchen zu bleiben. Und zu baden.

In Saisonzeiten stehen Dagebülls Badehäuschen in Reih und Glied an der Wasserkante. Glücklich, wer eines besitzt!

Dagebüll hat sich bei der Gelegenheit ein Lifting gegönnt. Neue Möbel, hübschere Deichaufgänge und eine breite Baderampe. Nun geht es nicht mehr nur über Treppenstufen, sondern auch direkt ins Wasser. Das sieht bei Flut so aus, als verschlucke die Nordsee eine ganze Straße.

Etwa 100 Jahre ist es her, dass die ersten Badebuden in Dagebüll an den Deich zogen, wohl als Alternative zu den damaligen Badekarren. Im Zuge der Deicherhöhung wären die Buden fast verschwunden, was die Dagebüller so gerade noch verhindern konnten. Schließlich ging es nicht nur um die Freude am Badeleben, sondern auch um ein Stück Identität.

Vom April bis September stehen die schlichten Holzhäuschen am Strand. Während man sie früher nach der Badesaison abbauen musste, werden sie heute auf einen Traktor geschoben und am Stück ins gemeinsame Winterdomizil verfrachtet. Sie sind allesamt im Besitz von Dagebüller Familien, die ihre Hütten weiter vererben. Sollte mal eine Hütte frei werden, existiert eine lange Warteliste.

Im einstigen Leuchtturm von Dagebüll kann man heute stilvoll übernachten, Meerblick inklusive.

Doch die Gemeinde hat drei mietbare Buden bauen lassen, damit auch Gäste die Chance auf einen Logenplatz am Meer haben. Neu sind die öffentlichen weißen Häuschen zwischen den Buden, die es den Badegästen erlauben, sich nach dem Schwimmen umzuziehen. Spaziert man an einem Sommertag an der Wasserkante entlang, kommt man nur schwer um ein Hüttenstudium herum. Manch ein Budenbesitzer, der sich außen für einen Braunton entschieden hat, führt das Konzept konsequent bei der Inneneinrichtung fort. Einige sind so liebevoll eingerichtet, wie man es von den Lauben in Schrebergärten kennt. Andere lieben es schlicht und beschränken sich auf das Wesentliche, zwei Stühle und ein Regal gelten als Minimum an Ausstattung. Wer das Glück hat, mit einem Budenbesitzer ins Gespräch zu kommen, erfährt bisweilen interessante Details über das Leben vor Ort.

Besonderes & Schönes

Von Dagebüll aus werden bei ablaufendem Wasser Wanderungen über den Meeresboden angeboten. Kundige Wattführerinnen unterscheiden zwischen den blauen, familientauglichen Strecken und den schwarzen. Letztere gehen meist durch Gebiete mit hohen Schlickwattanteilen. Da kommt es auf den Gleichgewichtssinn an. Zu den Sandwattstrecken gehört der Weg von Dagebüll nach Hallig Oland, eine sechs Kilometer lange Tour. Speis und Trank sowie ein Halligrundgang erwarten die Besucher auf der einzigen Warft. Mehr Infos unter www.wattlaufen.com.

Hauke-Haien-Koog

Hauke-Haien-Koog
Schlüttsiel 2
25842 Ockholm
T. 04674-848
jordsand.de

Es war Theodor Storm, der den Deichgrafen seiner Novelle „Der Schimmelreiter“ Hauke Haien nannte. Der nach ihm benannte Koog avancierte 2006 zum EU-Schutzgebiet. Seeschwalben brüten hier gerne, auch Säbelschnäbler. Singvögel wie die Rohrammer sind auszumachen, und vor allem im Frühjahr und Herbst wird es rappelvoll nahe Dagebüll. Graugänse sind das ganze Jahr über zu sichten, doch nun kommen auch noch die Zugvögel hinzu. Das ist im kleinen Hide mitzuverfolgen, der Beobachtungshütte am Straßenrand. Für vogelkundliche Führungen ist der Verein Jordsand zuständig.

Schlemmen & shoppen

Die norddeutsche und skandinavische Küche dominieren in *Louisas Heimatküche.* Am liebsten mit Produkten aus der Region, darunter auch Bio-Qualität, etwa aus der Joldelunder Bäckerei, der Backensholzer Hofkäserei oder vom Bio-Hof Johannsen. Smørrebrød steht hoch im Kurs, doch gibt es auch eine kleine, feine Auswahl an Fisch- und Fleischgerichten.

Hans Momsen war Lehrer, Mathematiker, Autodidakt und der berühmteste Sohn von Fahretoft. Das restaurierte *Momsen-Haus* auf der Gabrielswarft ist heute Kulturdenkmal, Museum, Begegnungsstätte sowie Café und hat immer sonntags geöffnet. Am besten vorher anrufen und reservieren. Auch Führungen sind dann möglich, alles auf Spendenbasis.

Hin und wieder legt der Amrumer Krabbenfischer Andreas Thaden mit seinem Kutter an der Nordmole des Fähranlegers von Dagebüll an, um seinen Fang anzubieten. Aktuelle Infos unter fischvomkutter.de/dagebuell.html oder telefonisch unter 0171 9942280.

Louisas Heimatküche
Nordseestr. 10
25899 Dagebüll
Deutschland
T. 04667-2779935
louisas-heimatkueche.de

Hans-Momsen-Gesellschaft e.V.
Gabrielswarft 5
25899 Fahretoft
T. 04663-1346
hansmomsen.de

Bunt, bunt, bunt sind alle Badehäuschen – bis auf die Hütten in der touristischen Vermietung und die Umkleiden.

Eine breite neue Rampe erlaubt barrierefreies Baden. Watt-Rollstühle sind in der Servicebude am Strand auszuleihen.

Zeit der Zugvögel
Am Bottschlotter See

Zwei Mal im Jahr ziehen sie in Scharen über Nordfriesland. Die Nonnengänse lieben das Marschland als Raststätte auf ihrem weiten Weg.

Herbststille, die sich in Farben, Stimmungen, Düften, Geräuschen auflöst. Der Geruch von Süßwasser, das Geschnatter der Gänse zwischen Waygaard und Fahretoft, wo sich Südtonderns Windsurfer treffen. Im Oktober ist nichts los am Bottschlotter See, weit und breit niemand zu sehen. Bevor man durch eine breite Gasse aus übermannshohem Schilf zum See wandelt, fällt der Blick auf eine Fenne, hinter der ein Auslassbauwerk in die Höhe ragt. Es bildet einen Teil der Physiognomie der Marschwiesen, aus jener spröden Komposition von Deichen, Sielen, Groden, Kanälen, Gräben, Speicherbecken.

Eine flache Landschaft voller Leben. Die Kühe auf der Fenne grasen unermüdlich, noch dürfen sie draußen sein. Rundherum breitet sich ein Schwarm von Zugvögeln wie ein schwarzweißer Teppich aus. Es sind Nonnengänse, wie so oft zu dieser Zeit. Irgendetwas ist passiert, die Gänse erheben sich eine nach der anderen, und aus der Bewegung der Einzelnen entsteht nach und nach eine gemeinsame Choreografie, die in der Bildung eines geordneten Flug-

schwarms mündet. Ein energetischer Fluss am Himmel. Das hörbare Rauschen des Schwarms, begleitet von unzähligen Rufen, fegt hoch über unsere Köpfe hinweg. Vogelkörper, die in der Sonne glänzen vor dunklen Wolken am Horizont.

Von irgendwo sind Stimmen zu vernehmen, während der Wind schweigt. Zeit, sich in den Ton des Wassers zu vertiefen. Manchmal sieht man Angler in Wathosen im flachen Teil des Sees stehen. Das ist hier neben dem Windsurfen oder Befahren mit motorlosen Booten möglich. Nur der nördliche Teil des Sees bleibt von menschlichen Aktivitäten unberührt.

Der Oktober bringt die frühe Dunkelheit mit sich. Doch was für ein Spektakel, an manchen Abenden draußen zu stehen und den geschwätzigen Schwärmen zu lauschen, ohne sie zu sehen. Watvögel etwa ziehen gerne nachts. Darunter der Große Brachvogel. So zeigt sich der Herbst erfüllt vom Vogelzug, vom Rasten, Futtern und Aufsuchen der Winterquartiere. Was für Geschichten von Nord nach Süd, Ost nach West.

Besonderes & Schönes

In Nordfriesland geht es immer um Wasser. Das Kommen und Gehen des Meeres, Schutz vor Sturmfluten, das Miteinander von Seen und Flüssen, sowie Schutz vor Überflutungen auch im Landesinnern. Es geht um eine jahrhundertealte Kulturlandschaft, die Abhängigkeit des Menschen von der Natur, ebenso wie um seinen Erfindungsreichtum. Am Bottschlotter See wird der Wasseraustausch mit dem Bongsieler Kanal geregelt und das umliegende Gebiet entwässert. Bevor er zum See wurde, führte er die Wasser eines Priels, eines Meeresarms, durch das Land, das im 17. Jahrhundert eingedeicht wurde. Heute ist er maximal 1,60 Meter tief und führt Süßwasser.

Vogelzug im Herbst

Es sind vor allem Wildgänse in Scharen am Himmel der Westküste zu sehen. Jungvögel folgen den erfahrenen Eltern. Andere Vogelarten verfügen über einen inneren Kompass, der sie auf die Route bringt. Während Ente und Gans die Salzwiesen schätzen, mögen Sanderlinge und Alpenstrandläufer das Wattenmeer, um nach Nahrung zu picken. In Scharen sind sie an der Wasserkante unterwegs. Stare tun sich zu riesigen Schwärmen zusammen, um gemeinsam die Nacht im Schilf zu verbringen. Pfuhlschnepfen hingegen rasten kürzer im Wattenmeer, da sie einen weiteren Weg vor sich haben.

Kanu- und Kajakfahren

Lecker und Soholmer Au treffen sich am Bongsieler Kanal etwa auf Höhe des Bottschlotter Sees. Hier profitiert man vor allem in der Nebensaison von der Ruhe der Landschaft ringsherum. Vereinzelt ist das Blöken der Schafe zu hören, die am Uferrand grasen. Ein möglicher Startpunkt liegt nördlich von Waygaard an der Lecker Au.

Kanu-Service
Südtondern
25899 Waygaard
T. 04674-865
kanu-service.de

Windstille Tage. Der Himmel spiegelt sich im Wasser des Bottschlotter Sees.

Schlemmen & shoppen

Es ist zugleich Dorftreff, Feuerwehrstation und Einkehrmöglichkeit in Efkebüll, das *Café bi Willi*. Beliebt sind Eierlikörtorte und natürlich Trümmertorte mit Stachelbeeren, aber auch dänische Schwarzbrottorte ist im Angebot. Serviert wird auf nostalgischem Geschirr.

Ein Besuch der Bioland-Kräutergärtnerei lohnt sich von April bis September, das Angebot an Kräutern ist riesig, hinzu kommen zig Sorten von Tomatenpflanzen, Paprika und Auberginen. Man lernt Gewächse kennen, von denen man vielleicht noch nie gehört hat wie Tripmadam oder Heilziest. Saatgut, Kaffee, Tee, Honig, weitere Feinkost- sowie Geschenkartikel sind ganzjährig zu erhalten – alles in Bio-Qualität.

Café bi Willi
Osterweg
25842 Langenhorn / Efkebüll
T. 04672-776006

Kräuter-Simon
Strengweg 1
25842 Langenhorn / Efkebüll
T. 04672-776799
kraeuter-simon.com

Winterstille
Auf der Hamburger Hallig

Die Luft riecht nach Frühling, der Wind macht eine Atempause. Im Nachmittagslicht breiten sich die Salzwiesen aus, golden ihr Ton. Einmal über den Deich, geht es immer geradeaus. Rechts und links ein verhaltenes Murmeln, Pfeifen, Zwitschern im Strandhafer, ausgebleicht vom Winter. Die Salzwiesen, wie ausgewaschen. Es scheint, als verharre die Küstenwelt im Wartemodus. Niemand wohnt jetzt auf der Hamburger Hallig, kein Mensch, kein Schaf. Erst im April kommt wieder Leben auf den Flecken Erde. Wer die Ruhe der Wintertage genießen will, ist an diesem sonnigen Tag goldrichtig. Nur wenige verirren sich auf die Halligwarft, die man nach vier Kilometern erreicht. Die Türen des Hallig-Krogs sind verschlossen, doch im Rucksack warten Kaffee in der Thermoskanne und frisch gebackener Kuchen.

Vom Frühjahr bis zum Herbst bevölkern Schafe die Hamburger Hallig.

Wer außerhalb der Saison auf die Hallig wandert oder radelt, könnte bei einem Picknick die Stille genießen.

Es herrscht Flut, eine leise Flut. Von der Warft gleitet der Blick über eine schwach funkelnde Nordsee. Dort ist er, der ideale Platz für ein Winterpicknick. Dort am Meer, im Dunst, auf den Steinen der Böschung. Der Horizont unsichtbar, verschluckt vom Nebel. Ganz sachte bewegt sich das Wasser hin und her, klatscht kaum merklich gegen die Steine. In der Ruhe wirken all jene Geräusche nah und laut, die sonst untergehen. Ein vielstimmiges Konzert. Wo sind sie, all diese Seevögel? So kräftig wirkt ihr Pfeifen und Rufen, wenn der Wind schweigt. Das ferne Motorengeräusch eines Kutters. Doch nichts ist zu sehen. Der Dunstschleier kappt die Welt, der Himmel geht direkt ins Meer. Reales rückt näher, Überflüssiges verschwindet. Am späten Nachmittag dringt die Sonne noch einmal durch den Dunst. Die Salzwiesen leuchten auf. Endlich etwas Licht und Farbe für die blasse Welt. Ein Reiher schwingt hoch, zieht in geringer Höhe über die Salzwiesen. Wie langsam er fliegt, er scheint gleichsam in der Luft zu schweben.

Besonderes & Schönes

Was ist ein Klimadeich? Während der Saisonzeiten informiert das *Amsinck-Haus* hinterm Deich bei der Hamburger Hallig über den Deichbau, die Tierwelt und vieles mehr. Man kann Räder leihen und Vorträgen lauschen, etwa über den Vogelzug.

Amsinck-Haus
Sönke-Nissen-Koog 36a
25821 Reußenköge
T. 04671-927154
amsinck-haus.de

Ein Stück weiter auf dem Weg zur Hallig befindet sich ein Info-Häuschen des NABU. Leicht erhöht auf dem sogenannten Schafberg schweift der Blick über die Salzwiesen. Ein Lehrpfad informiert über die typischen Pflanzen und Vögel wie Austernfischer und Rotschenkel.

Von Mai bis September finden sowohl Wattwanderungen als auch geführte Halligtouren statt. Buchbar entweder über das Amsinck-Haus oder bei Anke Dethlefsen, T. 0172-9059582 und Ellen Brodersen T. 04671-6117, siehe auch die Website wattlaufen.com.

Schlemmen & shoppen

Mit dem Saisonbeginn im April nimmt das Team im *Hallig-Krog* seine Aktivitäten wieder auf. Chef Erik Brack offeriert den Gästen im Reetdachhaus und auf der Terrasse Spezialitäten aus der Region. Darunter Wattenmeersalat mit Sylter Zuckeralgen, Husumer

Krabbensuppe sowie die beliebten Lammfrikadellen. Hausgemachte Torten, Waffeln und geeistes Pharisäer-Mousse gehen gut mit einer Tasse Kaffee oder Tee.

Je nach Jahreszeit lässt sich frisches Obst und Gemüse im nahen Desmerciereskoog erstehen. Familie Petersen erntet ihren Spargel im April auf Feldern bei Hattstedt und Sande. Die Erdbeersaison läuft dann von Mai bis Ende Juli. Ab Juni sind neue Kartoffeln zu haben, die vom Marschboden kommen und garantiert nicht mit Stickstoff gedüngt sind.

Hallig-Krog
Erik Brack
Hamburger Hallig
25821 Reußenköge
T. 04671-942788
hallig-krog.de

Hof Descmercieres
Desmerciereskoog 4
25821Reußenköge
T. 04671-3375
hof-desmercieres.de

Heute lebt niemand mehr auf der Hamburger Hallig. Vom Frühjahr bis Herbst lädt der *Hallig-Krog* zu regionalen Spezialitäten ein.

Tanz der Flammen
In Schobüll bei Husum

Nur Dämmerlicht erhellt noch den Horizont der gegenüberliegenden Halbinsel Nordstrand. Dort zuckt schon das Feuer am Süderhafen auf. In Schobüll beschwört die Bürgervorsteherin die uralten Traditionen herauf und erzählt vom Austreiben des Winters. Der Kinderchor stimmt ein Seefahrerlied an. In vergangenen Jahrhunderten verdingten sich die Nordfriesen nicht selten als Seeleute, zunächst beim Heringsfang um Helgoland, später beim Walfang im Nordmeer. Noch ein Gedicht auf Plattdeutsch, es ist fast Viertel nach sechs, und alle laufen vom Zelt zum Holzhaufen. Bei Minusgraden rückt man vor den auflodernden Flammen des Biikehaufens zusammen. Von mehreren Stellen umschlingen die Feuerzungen den Turm aus Ästen und trockenen Weihnachtstannen, Funken sprühen in die Höhe. Fasziniert sieht Alt und Jung in das Knistern, Knacken, Flackern und Zischen. Die Feuerhitze wärmt die Gesichter, nur von den Beinen zieht die Winterkälte herauf.

In Nordfriesland möchte man mit der Biike am 21. Februar den Winter vertreiben. Man steht zusammen, wärmt sich am Feuer, bevor es zum Grünkohlessen in die Lokale geht.

Inzwischen ist es stockdunkel über dem Meer, nur die Husumer und Nordstrander Biiken glühen in der Ferne. Die Stimmung ist gut, trotz der Kälte. Nur an wenigen Stellen kann man wie in Schobüll aufs Meer blicken. Bevor das Feuer zu schwächeln beginnt, lodert es noch einmal auf und wärmt die Zuschauer. Irgendwo sucht jemand seine Frau, andere vermissen ihre Kinder, die sich teilweise zum Schlittern an einem zugefrorenen Teich versammelt haben. Die Windrichtung ist günstig und bläst die enormen Rauchschwaden der Küstenbiiken weg übers Meer. Man plaudert noch ein wenig mit Nachbarn und Freunden, bis die Kälte der Nacht allem ein Ende setzt. Langsam leert sich der Platz ums Feuer, die letzten Scheite glühen auf. Nun freuen sich die Feiernden auf die warmen Lokale, wo der Grünkohl schon dampft, das traditionelle Biike-Mahl.

Den schönsten Sonnenuntergang von Schobüll erlebt man auf der Seebrücke, umzingelt vom Wasser.

Besonderes & Schönes

Am 21. Februar werden entlang der nordfriesischen Küste und auf den Inseln große Feuer entfacht, die einst die Vertreibung des Winters symbolisierten. Auch im dänischen Südwestjütland brennen am „Pers Awten", am Vorabend des Petritages, die Haufen. Meist ist es an den Feuerwehrleuten, die ersten Fackeln in die gestapelten Äste zu werfen. „Tjen di Biiki ön!", rufen sie auf Sylt, wenn es losgeht. Biike entstammt also dem Inselfriesisch. Das Frühlingsfest im Februar war einmal ein Fastnachtsfeuer: Tänze und Spiele gehörten an der Küste dazu, wurden jedoch im 18. Jahrhundert von der Obrigkeit nicht mehr geduldet. Damit entfiel auch die Maskerade. Das Biikebrennen konnte in der zweiten Hälfte des 19. Jahrhunderts mit Strohhaufen gefeiert werden. An einigen Orten krönen heute noch Strohpuppen die hochgetürmten Haufen. Sie sollen den Winter symbolisieren und fallen meist als Letztes den Flammen zum Opfer.

Skovbøl heißt es im Dänischen, Walddorf. Das alte Kirchdorf gehört seit 2007 zur Kreishauptstadt Husum, an die es im Nordwesten grenzt, und lebt als einziger Ort der nordfriesischen Küste deichfrei. Außerdem erfreuen sich die 1600 Schobüller tatsächlich an einem Wald, der mit bis zu 31 Metern über Normalnull für regionale Verhältnisse relativ hoch erscheint. So ist er in der Küstenlinie schon von weitem zu erkennen. Die Seebrücke gilt als Promenade der Einheimischen. Im Sommer lässt es sich hier je nach Tide bequem in die Nordsee steigen, auch eine Dusche ist vorhanden.

Radfahren

Von Schobüll aus bieten sich Touren durch die Hattstedter Marsch bis zum größten Naturschutzgebiet Schleswig-Hosteins, dem Beltringharder Koog, und über die ruhige Halbinsel Nordstrand an. Eine Kombination von beiden ist ebenfalls möglich, der Damm zwischen Nordstrand und den Reußenkögen macht dies möglich und bildet einen Teil der Nordseeküstenroute.

Schlemmen & shoppen

Eine helle Einrichtung im nordischen Stil sowie eine Terrasse mit Blick auf das Meeresglitzern hat der *Magisterhof* zu bieten. Es gibt durchgängig warme Küche und saisonale Gerichte, etwa Weißkohlrouladen und Kürbiscreme-Suppe im Herbst. Mit diversen hausgemachten Kuchen und Torten oder Specials wie Blätterteigschnitte mit Minz-Erdbeeren im Frühsommer lockt auch ein Besuch zur Kaffeezeit.

Die Außendeichschäferei *Baumbach* setzt auf Direktvermarktung und unterhält einen geräumigen *Hofladen* just am Ende des Damms nach Nordstrand. Produkte vom Lamm und Galloway-Rind sind hier ebenso zu bekommen wie Käse vom Ziegenhof Detlefsen. Was die Wurstspezialitäten angeht, arbeitet man mit der Landschlachterei Burmeister in Viöl zusammen, die Mitglied im *Feinheimisch – Genuss aus Schleswig-Holstein e.V.* ist.

Magisterhof
Nordseestraße 14
25813 Husum
T. 04841-6694964

Hofladen Baumbach
Pohnshalligkoog Straße 1
25845 Nordstrand
T. 04842-495
lammfleisch.de

Alles über den Klootstock
In Tating

Jeden Sommer lassen sie am Bohmarnweg die alten Zeiten aufleben, dann dreht sich alles um den Klootstock. Der Treffpunkt für das Event liegt mitten in der nordfriesischen Pampa, wo Kuh und Schaf sich gute Nacht sagen. Ein paar Leute haben sich bereits am Graben versammelt. Auch der Bürgermeister von Tating ist dabei, und er kann es. Über den Graben fliegen. Doch wozu? An die 1.000 Menschen leben heute in Tating, das früher stark von der Landwirtschaft geprägt war. Und der Klootstock half den Bauern, ihre von Gräben umgrenzten Weiden ohne Umwege zu erreichen. Gräben, die Hindernisse darstellen, doch für die Entwässerung des Marschlands unerlässlich sind.

Der halb hexagonale bis v-förmige Klotz am unteren Ende hat dem Stock seinen niederdeutschen Namen gegeben: Der Kloot (sprich „klut“) soll für besseren Halt im schlammigen Untergrund des Grabens sorgen. Heute fahren die Bauern zwar mit dem Jeep zu ihren Tieren auf der Weide, doch der Klootstock dient den Jägern noch bei der Treibjagd im Winter. Während sich die ersten Interessenten an den Graben wagen, demonstriert einer der Profis, wie man den Klootstock richtig hält. Zwar erinnert es entfernt an Stabhochsprung, doch die Hände werden nicht parallel, sondern in entgegengesetzter Richtung platziert, so dass beide Daumen nach außen zeigen. Nun stößt man sich mit den Füßen ab, viel Armkraft ist eigentlich nicht nötig. Es sei denn, man fällt zurück, während die Füße schon auf der sicheren Seite gelandet sind. Dann hilft es ungemein, sich am Stab hochzuangeln. Dieser misst im besten Fall viereinhalb bis fünfeinhalb Meter. Bei Regen würde das Holz rutschig und schwer, meint der Kenner. Ein Klotz aus hartem Teakholz ist am besten geeignet, wenn sie manchmal das Eis in den Gräben aufstochern müssten, um den Klootstock platzieren zu können. Nach und nach setzen die Gäste zum Sprung an. Ganz schnell wird klar: Wer ohne Angst springt, schafft es fast immer. Egal, welche Größe, welches Alter, welches Gewicht.

Klootstock-springen
Bohmarnweg
25881 Tating
tating.de/veranstaltungen/

Alles eine Frage der Technik beim Klootstock. Oder wie man elegant über einen Graben springt.

Besonderes & Schönes

Tating geht auf eine der ältesten Siedlungen der heutigen Halbinsel Eiderstedt zurück, es war Hauptort der Insel, beziehungsweise Harde Utholm. Seine Kirche *Sankt Magnus* gilt als älteste auf Eiderstedt, da schon relativ zeitig nach dem hölzernen Erstbau von 1103 hier mit Stein nachgebaut wurde. Aus dieser Phase stammt der Zwischenchor über quadratischem Grundriss. Nach und nach wurde das Bauwerk vergrößert, der Turm zum Beispiel wurde zwischen 1661 und 1694 errichtet. Als echtes Schmuckstück gilt der gotische Altar aus dem 15. Jahrhundert.

Sankt Magnus
Dorfstraße 40
25881 Tating

Hochdorfer Garten
Düsternbrook 10
25881 Tating
T. 04862-8419
hochdorfer-garten.de

Durchs Grüne wandeln kann man im *Hochdorfer Garten*, der heute von der Richardsen-Bruchwitz-Stiftung gepflegt wird. Wenn es um bäuerliche Gartenkultur in Schleswig-Holstein geht, nimmt der fünf Hektar große Park eine herausragende Stellung ein. Angelegt wurde er nach barocken Vorlieben im 18. Jahrhundert und folgte zunächst einer strengen Ordnung. Das in Reih und Glied stehende Lindenquartier vor dem Haubarg und die beiden 120 Meter langen Lindenalleen geben davon Zeugnis ab. Der Rest wirkt bisweilen verwunschen. Je nach Jahreszeit tauchen Farbtupfer auf, Krokusse oder Hasenglöckchen. Exoten wie das Chinesische Rotholz oder der Trompetenbaum kamen im 19. Jahrhundert hinzu.

Schlemmen & shoppen

Zum Hochdorfer Garten gehört das *Schweizer Haus*. Ein Sommerhaus, dessen Holzarchitektur aus dem 19. Jahrhundert stammt und ebenfalls ein Unikat in ganz Schleswig-Holstein darstellt. Flammkuchen zählen zu den Spezialitäten im Café & Restaurant, abends stehen auch Burger und Fondue zur Auswahl. Ein absoluter Klassiker unter den hausgemachten Torten: Bienenstich mit roter Grütze!

Der *Hofladen Kühl* ist nicht nur für seine Erdbeerproduktion bekannt, bis in den September hinein gibt es hier frische Früchte aus der eigenen Plantage. Die Eier sind von den eigenen Hühnern.

Auch wenn der Hochdorfer Garten bisweilen verwunschen wirkt, wird er bis aufs letzte Blatt liebevoll gepflegt.

Das Sortiment reicht von Gemüse, Obst, Eingemachtem, Käse und Fleisch von regionalen Produzenten, oft in Bio-Qualität. Hinzu kommen skandinavische Deko-Artikel sowie Kräuter und Pflanzen. Im Sommer freuen sich die Kinder über das Maislabyrinth.

Schweizer Haus
Düsternbrook 10
25881 Tating
T. 04862-2019681
schweizerhaus-tating.de

Hofladen Kühl
Hülkenbüll 2
25836 Garding Kirchspiel
T. 04862-339
landladen-kuehl.de

Friesischer Schafskäse
Tetenbüll / Halbinsel Eiderstedt

Friesische Schafskäserei
Monika & Redlef Volquardsen
Kirchdeich 8
25882 Tetenbüll
T. 04862-348
friesische-schafskaeserei.de

Redlef Volquardsen setzt eine alte Tradition der Gegend fort. Auch die Großmutter und Urgroßmutter stellten schon Käse her. Doch waren es Einwanderer aus den Niederlanden, die das Buttern und Käsen im 17. Jahrhundert auf der Halbinsel Eiderstedt etablierten. Damals hieß eine Käserei schlichtweg Holländerei. Die fetten Marschwiesen der Halbinsel eignen sich gut zur Viehhaltung. Nun lautet das Gebot der Stunde: Bio-Qualität aus der Region. Gemeinsam mit seiner Frau Monika setzt Redlef Volquardsen auf einen Milchschafhof mit Hofkäserei und Direktvermarktung in Tetenbüll.
Draußen auf den Weiden tummeln sich gut 120 Schafe, darunter viele Lämmer. Während einer Hofführung lernt man ein paar davon kennen und erfährt so einiges über die Besonderheiten des Ostfriesischen Milchschafs sowie über die Käsesorten, ihre Herstellungs- und Reifeprozesse im Gewölbekeller. Das Milchschaf ist zartgliedriger als seine Texel-Kollegen auf den Deichen, hat einen größeren Rahmen sowie einen unbewollten Kopf und Schwanz. Zum gegenseitigen Beschnuppern geht es zunächst auf die Weide, wo die interessierte Gruppe nicht lange warten muss: Ein schwarzes Schaf kommt ohne Scheu angetrabt. Nach einer Weile nähern sich weitere Tiere, die Lage wird langsam unübersichtlich. Manch einer wird gezielt von einer Ramsnase angestupst, um für das Bedürfnis nach Aufmerksamkeit zu sensibilisieren.
Als die Gruppe wieder von dannen zieht, begleitet sie manchmal ein Schaf bis zum Gatter und blökt protestierend, wenn dieses vor seiner Nase geschlossen wird.
Bleibt nach dem Besuch im Melkstall noch die Verköstigung im Haupthaus: Weich- und Schnittkäse stehen zur Auswahl. Frischer

Ostfriesische Milchschafe liefern die Hauptzutat für nordfriesischen Käse in Bio-Qualität.

Friese mit Bärlauch je nach Saison sowie Friesaki, der ein halbes Jahr in Salzlake gereift ist und die perfekte Alternative zum griechischen Feta darstellt. Dann wäre da noch der rote Friese, eine Art Münsterkäse, sowie ein zwei Monate gelagerter Schnittkäse. Und das Beste: alles bio.

Besonderes & Schönes

Der Einfluss der niederländischen Einwanderer erstreckt sich nicht nur auf das wirtschaftliche Geschehen ihrer Zeit. Noch heute sind viele der Architekturen zu bewundern, die so nur auf der Halbinsel erschaffen wurden: die Haubarge. Anschauungsmaterial gibt es quasi im Vorbeifahren, auch wenn von den etwa 450 Haubargen nur mehr ein Zehntel geblieben ist. Einer von ihnen ist der *Rote*

Roter Haubarg
Am Sand 5
25889 Witzwort
T. 04864-845
roterhaubarg.de

Zu Fuß oder mit dem Rad gelangt man zum Wahrzeichen der Region, dem Leuchtturm Westerheversand.

Haubarg bei Witzwort. Er stammt aus dem 17. Jahrhundert und zählt zu jener Gattung geräumiger Bauernhäuser, in der Mensch und Tier unter einem Dach lebten. Es gab genug Platz, um das Heu zu stapeln, Bedienstete zu beherbergen, Pferde und Rinder unterzustellen. Trotz des großen Umfangs erwies sich der Ständerbau in seiner Grundstruktur als unerschütterlich – selbst bei Sturmfluten. Ein Teil des Roten Haubargs beherbergt ein eintrittsfreies Museum, das die Bauart und einstige Lebensweise des Großbauernhofes mit vielen Originaldetails und einem Modell veranschaulicht.

Radfahren

Neben den Haubargen und Reetdachkaten bestimmen 18 mittelalterliche Kirchen das Bild der Halbinsel. Ihre Vielzahl erzählt vom einstigen Reichtum der Eiderstedter Bauern. Heute bieten sich diverse Radwege an, die von Dorf zu Dorf, Kirche zu Kirche führen. Etwa zum ältesten Gebäude, Sankt Magnus in Tating aus dem Jahr 1103. Eine Karte für alle fünf Touren sowie Infos zu den einzelnen Kirchen sind auf www.eiderstedt-entdecken.de verzeichnet. Schön ist es auch, im Mai während der Rapsblüte über die Halbinsel zu fahren, einfach mal ins Blaue hinein, vorbei am duftenden Gelb.

Nicole & Fabian Rosinus haben es die Ruhe hinterm Deich angetan, als sie das *Meersatt* eröffneten, im oberen Teil eines turmartigen Gebäudes mit Gründach. Allein für den Ausblick auf Küste und Meer lohnt sich ein Besuch. Wen es nach Süßem gelüstet, der probiert Waffeln oder hausgemachten Kuchen und Torten, darunter Käse-Mohn mit Himbeerspiegel. Was die Gäste am Wochenende ins *Meersatt* zieht, ist die Frühstücksauswahl vom klassischen Typ über Avocadobrot bis zu Shakshuka. Am besten über die Website reservieren.

Als Klassiker auf Eiderstedt gilt die *Schankwirtschaft Andresen*. Nicht nur die Delfter Kacheln an den Wänden erzählen von früher. Seit über 350 Jahren steht das Gasthaus in Katingsiel. Gegenüber ein altes Zollhaus am Kanal Süderbootfahrt, der einst den Warentransport auf Eiderstedt erleichterte. Das waren die Zeiten, als Schiffe aus England und Holland anlegten. Gute Zeiten, denn im 16. und 17. Jahrhundert profitierte die Halbinsel von einer wirtschaftlichen Blüte. Herzhaftes wie Schwarzbrot mit Matjes kommt ebenso wie hausgemachter Kuchen auf den Tisch. Familie Andresen legt Wert auf regionale Zutaten, wenn möglich aus dem eigenen Garten. Beliebt sind auch die Dinkelwaffeln mit Heidelbeeren sowie der Eiergrog nach dem Rezept der Großmutter.

Schankwirtschaft Andresen
Katingsiel 4
25832 Tönning
T. 04862-370
schankwirtschaft-andresen.de

Meersatt Café & Bar
Eiderweg 1
25826 Sankt Peter-Ording
T. 04863-4261
meersatt.de

Im Wilden Moor
Hollbüllhuus bei Schwabstedt

Der Moorfrosch macht sich rar. Manchmal lässt sich das „wuog wuog" des blau gefärbten Männchens vernehmen, wenn die Paarungszeit in vollem Gange ist. Rechts und links steht das Wasser im Wilden Moor bei Schwabstedt. Eine undurchsichtige Brühe, aus der eine Pflanze neben der anderen wächst, darunter Faulbaum, Hängebirke, Sumpf-Schwertlilien und Moorlilien. Der Ruf eines Kuckucks klingt aus naher Ferne. Wollgras hat weiße Wölkchen über dem Moor gebildet, die Lilien tun Gelb dazu, wo ein Lehrpfad durch die Landschaft führt. Auf Brettern aus Lärchenholz gelangt man trockenen Fußes übers Wasser. Der Bohlenweg strahlt im gleißenden Licht des Nachmittags, wenn die Sonne den Wettstreit mit den Wolken gewinnt.
Einst wurde hier Torf gestochen. Wo man den Weg verlassen darf, federt der Boden unter den Füßen, bis man vor einem wässrigen Abbauloch steht. Daneben einige Torfstücke, die sich wie halbtrockene Erde anfühlen. Das haben sie früher also verfeuert. Das Moor Stück um Stück abgebaut.
Überall Bänke am Lehrpfad durch die einsame Landschaft. Gegen Ende wartet der Weg mit ausführlichen Infotafeln auf. Es geht um

Torfstücke in Reih und Glied. Einst wurden sie als Brennmaterial im Moor abgebaut.

Die Moorlandschaft hat ihre Tücken. Am Besten bleibt man auf den Wegen.

die geologischen und klimatischen Bedingungen der Entstehungszeit des Moors. Um die Klimaerwärmung im Nacheiszeitalter und die beginnende Bewaldung. Am Ende des Lehrpfads kann man noch viel weiter laufen, durchs Moor, auf breiteren Wegen, bis hinunter zur Treene, die sich östlich des Gebietes durch die Landschaft schlängelt.

Hier und dort fallen dunkle Flecken von Wasser auf, von Grün gerahmt, das weiteres Wasser verbirgt. Im Moor sollte man lieber nicht vom Weg abkommen. Sich stattdessen auf die Suche nach Blaukehlchen oder Bekassinen machen, etwa vom grasgedeckten, kleinen Aussichtsturm aus. Das Moor hat seine Geheimnisse. Und es ist alt, unermesslich alt.

Hollbüllhuus
Parkplatz Wildes Moor
25876 Schwabstedt

Ein Bohlenweg führt als Lehrpfad über einen Teil des Wilden Moors bei Schwabstedt.

Besonderes & Schönes

Vom Moor mitten hinein in flirrendes Grün? Wer die Straße Hollbüllhus nur ein Stück in westlicher Richtung fährt, gelangt rasch zum Lehmsieker Forst. Am Parkplatz des ausgeschilderten Naturerlebnisraums beginnt ein zwei Kilometer langer Rundgang, der durch die sogenannte Buchenwaldinsel führt. Sternmieren säumen den Wegesrand, samtig wirkende Buchenfüße krallen sich in den Boden.

Unweit von Schwabstedt schlängelt sich die Treene munter durchs Land. Bei der Badestelle Fresendelf lässt es sich an und im Fluss relaxen. Oder man mietet ein Kanu und startet ein Stück weiter nördlich bei der Kanu Einsatzstelle.

Naturerlebnisraum
Lehmsieker Forst
Lehmsiek / K31
25876 Schwabstedt

Nordkanu / Sönke Horn
Fährweg
25876 Fresendelf
T. 04841-74352
nordkanu.de

Schlemmen & shoppen

Etwa 20 Minuten mit dem Auto entfernt befindet sich Oster-Ohrstedt. Kenner lieben die Qualität der *Hofküche Backensholz*, die auf Bio-Qualität und Regionalität setzt. Man ist Mitglied von Feinheimisch e.V. und Slow Food Deutschland. Die Karten ändern sich je nach Saison, da kann es auf der Mittagskarte Kürbissuppe und Backensholzer Bratwurst geben, und abends in Butter geschmorter Weißkohl als Vorspeise, danach vielleicht vegetarische Tagliatelle mit altem Deichkäse aus eigener Produktion. Sonntags darf hier gefrühstückt werden, nach Wunsch auch vegetarisch. Im Hofladen gleich neben dem Restaurant finden sich Käse aus eigener Produktion, Eier, Gemüse, selbstgemachte Chutneys sowie Brot vom Joldelunder Bio-Bäcker.

Hofküche Backensholz
Schwabstedter Damm 10
25885 Oster-Ohrstedt
T. 04626-1858295
hofkueche-backensholz.de

Unterm Sternenzelt
Tiny House in Delve

Ein Schwarm von Staren zieht am Häuschen vorbei. Der Wind schaukelt in den Lichterketten, biegt Äste, wirbelt das Blattwerk durch und stößt irgendetwas um. Auf der Wiese hinter dem Minihaus zieht eine Herde von Kühen gemächlich vorbei. Die Wege sind kurz im Tiny House, das Leben ist einfach, aber nicht ohne Komfort.

Ordnung ist das halbe Leben im Tiny House, jeder Winkel muss effektiv genutzt werden.

Eine Stufe trennt den Wohnraum von der höher liegenden Küche mit Essbereich. Jeder Zentimeter des zur Verfügung stehenden Raums wird optimal genutzt, auch Platz für Bücher gibt es. Das auf dem Induktionsherd gekochte Menü mundet mit Blick ins Grüne. Entschleunigt ist man sofort nach der Ankunft, hier im Kuh-Nirwana. In der satten Camping-Idylle an der Eider.

Um das alles noch zu toppen, könnte man den Hobbit-Ofen anwerfen, und das Tiny House mitten im Sommer in eine Sauna verwandeln. Weil das Knusperhäuschen so klein ist, spendet es Schutz wie eine zweite, dicke Haut. Nichts ist weit weg, alles quasi im Umdrehen zu erreichen. Im Innern wird es allerdings schnell unordentlich, wenn man mit großem Gepäck anreist. Dann verliert das Häuschen seinen minimalistischen Charme.

Das Bett auf der oberen Plattform misst 160 Zentimeter Breite. Wer hier nächtigt, profitiert vom Sternen-Ausguck. Da macht es Sinn, die Faltrollos der Oberlichter gleich zusammenzuschieben, für einen freien Blick in den Himmel.

Alles ist still, die Nacht legt sich über Delve, den Campingplatz und die Eider. Geregnet hat es nicht mehr, doch der Wind rauscht weiterhin durch Baum und Strauch. Ab und zu klappert etwas. Sind da und dort Schritte zu hören? Nein, es war wohl ein Vogel, der über das Dach getippelt ist.

Tiny Escape in Delve
Eiderstraße 20
25788 Delve
tinyescape.de

Doch so ein Pech, kein Stern, keine Schnuppe ist am Himmel auszumachen. Der Regen setzt wieder ein, prasselt laut wie auf Auto-

blech. Erst mitten in der Nacht sind in einer Wolkenlücke tatsächlich zwei Sternchen auszumachen.

Delve wirkt frisch am Morgen. Eine Anlegestelle für Segelboote und Hausboote liegt gleich hinterm Campingplatz, daneben ein winziger Strand an der Eider. Eine ältere Dame erscheint in Gummischuhen und Bademantel. Routiniert lässt sie sich ein Stück die schwache Strömung hinabtreiben, dann krault sie zurück. So friedlich, der Morgen in der weiten Flusslandlandschaft. Sonst sind da nur noch ein paar Fische unterwegs, die manchmal übermütig aus dem Wasser in die Luft hüpfen. Nach dem Wind und Regen wirkt dieser sonnige Morgen wie ein Versprechen. Überall zwitschert es munter von den Bäumen und Sträuchern. Die Kühe ruhen im Gras, ab und an spuckt Delves heisere Kirchenglocke ein paar Töne aus. Und in der Ferne kräht ein Hahn.

Ein Genuss, diese ländliche Ruhe: Wenn die Nachbarinnen abends leise „Muh“ sagen.

Im Sommer vergrößert sich das Tiny House nach draußen, was nicht nur zum Speisen schön ist.

Besonders & Schönes

Die Räder im Tiny House können zum Beispiel für *Radtouren* in das Naturschutzgebiet Delver Koog nördlich von Delve genutzt werden. Es liegt in einer Eiderschleife mit Niedermoorbereichen, Schilf und Wiesen. Der seltene Moorfrosch soll sich hier niedergelassen haben, und Vögel wie die Kornweihe nutzen den Ort als Rastplatz im Frühjahr und Herbst. Schwärme von Staren vollführen dann ihr Ballett am Himmel. Das Schilf ist die Heimat von Rohrammern, Rohrdommeln und Rohrweihen. Kiebitz, Rotschenkel und Bekassinen brüten auf den Wiesen.

Schön sind auch Radtouren zu beiden Seiten der Eider, die sich kurvig um Koog und Dorf herum schwingt. Man kann mit der *Bargener Fähre* übersetzen, ein Erlebnis für sich. Stilecht im blauweißen Fischerhemd lenkt der Fährmann seinen fahrbaren

Bargener Fähre
Zur Alten Fähre
25788 Delve/
Schwienhusen
T. 04803-255
bargener-faehre.de

Untersatz von Mai bis September über die Eider. Auch Sondertouren sind im Programm: Wer sich zu einer der Längsfahrten mit der Fähre anmeldet, kommt in den Genuss einer stimmungsvollen Tour bei Sonnenaufgang oder Dämmerung. Fürs leibliche Wohl ist gesorgt.

Fährmann hol över: Mit der Bargener Fähre kann man von Delve über die Eider setzen – mit oder ohne Rad.

Jessica Lang betreibt die *Klön-Stuuv* in Delve während der Saison. Draußen im Garten oder drinnen im Gelbziegelhaus inmitten von Vintage-Möbeln, Kacheln im holländischen Stil und einem Bollerofen. Neben herzhaften Kleinigkeiten sind vor allem die hausgemachten Kuchen und Torten wie Blaubeer- oder Johannisbeertorte und Eierlikör die Stars. Auch Frühstücken ist auf Bestellung möglich.

Auf der anderen Eiderseite in Bargen findet man das *Café Adebar* mit seinem hübschen Garten und Teich mit Goldfischen. Hier genießt man die hausgemachten Torten und Waffeln ebenso wie den Blick auf das Storchennest, Namensgeber des Cafés. Das dichte Grün des Gartens, die Schmetterlinge am Flieder. Ab zehn Personen ist ein Frühstücksbuffet möglich.

Wer selber kochen will, kann sich im *Hofladen Fangmeier* eindecken. Obst und Gemüse, diverse Produkte aus der Region, das Angebot ist reichhaltig. Das Brot kommt vom Nordseebäcker aus Büsum. Nebenan in der Blumenstube warten kunstvolle Sträuße und Gestecke sowie Pflanzen für den Garten.

Café Klön-Stuuv
Fuhlhorn 10
25788 Delve
T. 04803-601324

Café Adebar
Eiderstraße 1
24803 Erfde
T. 04333-9928180
adebar.cafe

Heike Svensson Floristik und Hofladen Fangmeier
Hauptstraße 6
25791 Linden
T. 04836-8114
heikes-blumenstube-hof-fangmeier.de

Tanz der Wasserbauer Küstenschutz in Nordfriesland

Es ist noch früh am Morgen, als sich die Männer in der Baracke einfinden. Sie sitzen zusammen im Werkschuppen hinterm Deich, reden und scherzen. Ein tägliches Ritual, bevor es an die Arbeit geht. Man kennt sich, arbeitet seit Jahrzehnten zusammen. Die Stimmung ist locker, vergnügt. Schließlich gehen alle in die Umkleide und streifen sich am Ende noch die Watstiefel über, überdimensionierte Overknees in Khakigrün. Einer der Küstenschützer trägt zusätzlich eine Wathose. Die Männer stiefeln durch das noch von der letzten Flut stehende Wasser über Schlick- und Sandflächen. Natürlich kennen sie die Gegend wie ihre Westentasche. Insgesamt sei das Watt bei Uelvesbüll recht fest, andere Küstenschützer hätten da mehr Pech, sagen sie. „Immer schön die Hände aus den Taschen!" Das hilft wirklich, um im Falle eines Falles das Gleichgewicht zu behalten.

Bald haben sie die kleine Schute erreicht, ein flach im Wasser liegendes Transportboot ohne Motor. Alle klettern an Bord, mit Stöcken stoßen sich die Männer vom Grund ab. Das Ziel ist eine große Schute, ein ausrangiertes, älteres Schiffsmodell, ebenfalls nicht motorisiert, das im Husumer Lager mit Bündeln aus Fichtenzweigen befüllt, zur entsprechenden Stelle an der Küste geschleppt und dort verankert wurde – als lokales Lager. Faschinen heißen die Bündel, die von den Männern nach und nach auf die kleine Schute umgefüllt werden. Diese schiebt nun der Mann mit Wathose durchs Wasser, während ein anderer im halbwegs Trockenen abspringt und das Boot zieht. Kurz bevor sie ihre angepeilte Position erreicht haben, geht auch der Dritte von Bord.

Nun beginnt die eigentliche Arbeit. Die Lahnungen sehen aus wie trockenes Buschwerk in Reih und Glied: Sie bestehen aus Pfählen und Faschinen und zeichnen ein Gitter ins Watt, die Lahnungsfelder. Diese werden im rechten Winkel zum Deich errichtet. Da-

In Watstiefeln gehen die Männer dem ablaufenden Wasser hinterher, um draußen im Watt zu arbeiten.

zwischen heben die Küstenschützer Gräben aus, sogenannte Grüppen, damit das Wasser bis in die aufgeschlickten Bereiche eindringen kann. Die Lahnungen sollen die Verlandung vor den Deichen beschleunigen, Wellen brechen, eventuelle Strömungen in Küstennähe unterbrechen. Erste zarte Pflanzen wachsen hier: Queller, auch der Spargel des Meeres genannt.

Alle drei bis vier Jahre muss eine Lahnung nachgepackt werden, und genau das wollen sie heute tun. Auf einem Abschnitt die Füllung aus Reisigbündeln verdichten. Dazu lösen die Männer mit geübten Griffen das Seil, das später wieder um die Lahnung genäht wird. Einer läuft über das alte Material und drückt es hinunter. Die frischen Faschinen werden obendrauf gepackt. Die drei Männer stellen sich nebeneinander auf die Lahnung, einer gibt das Kommando, und dann springen sie gleichzeitig hoch, immer wieder, der Tanz der Wasserbauer. Stück für Stück arbeiten sie sich vor. Als die Strecke fertig geklopft ist, nähen sie mit einem Spezialwerkzeug die noch funktionstüchtige Kordel wieder auf, die auf

den Pfählen mithilfe von Klammern straff gespannt wird, quer über die Bündel. Schließlich muss das Konstrukt sämtlichen Stürmen, Fluten und eventuellem Eisgang im Winter trotzen.
Am Ende herrscht Ebbe. Die kleine Schute wird verankert und an zwei Seiten festgezogen, damit sie bei auflaufender Flut nicht wegschwimmt. Zu Fuß geht es zurück zum Deich, das obere Ende der Watstiefel lässig hinunter geklappt.

Besonderes

Früher gewann man durch den Deichbau neues Land, die Halbinsel Eiderstedt ist so aus drei Inseln entstanden. Doch seit 1954 dient der Deichbau nur mehr dem Küstenschutz. So müssen die gelernten Wasserbauer auch keine neuen Lahnungen mehr anlegen, sondern nur die alten ausbessern. Von April bis November arbeiten sie draußen, bei fast jedem Wind und Wetter. Sie ziehen morsche Pfähle heraus, rammen neue in den Boden.
Es war vor Uelvesbüll, als das einzige Stück der Eiderstedter Deiche brach, damals, mit der Sturmflut von 1962. Auf einer Länge

Eins, zwei, drei – die Küstenschützer springen gleichzeitig hoch, um das neue Material festzuklopfen.

von fast 100 Metern fraß sich die Nordsee ins Land, überflutete den ganzen Koog. Unzählige Abschnitte der Deiche waren zerstört oder beschädigt, so dass man im großen Stil erneuern, verstärken, erhöhen musste. Das nimmt nie ein Ende.
Der Meeresspiegel steigt unablässig – durch die Klimakrise viel rascher als gedacht. Wieder steht Uelvesbüll eine Veränderung bevor: Hier soll einer der neuen Klimaschutzdeiche gebaut werden. Das bedeutet nicht nur eine Erhöhung, sondern vor allem ein flacheres Profil sowie eine breite Kappe, die schon die nächste Erhöhung miteinkalkuliert.

Schlemmen & shoppen

Vor mehr als 400 Jahren wurde das *Herrenhaus Hoyerswort* für den ehemaligen Staller, einen Amtmann des Herzogtums Schleswig, erbaut und unter seinem Nachfolger Caspar Hoyer erweitert, damals reichster Mann der Halbinsel. Elegant wirkt das im Stil der Renaissance errichtete Gutshaus, und es stellt eine Seltenheit in der Gegend dar. Heute ist es Museum und Café. Der aktuelle Besitzer Alfred Jordy produziert Keramik in der ehemaligen Kapelle, vor allem Fliesen nach holländischer Tradition. Die Motive wie Haubarge, Fische und Wattvögel passen zum Land und sind im Laden erhältlich. Im Haubarg nebenan offerieren Schwiegersohn Hermann und Tochter Anna Bothe köstliche, französisch angehauchte Küche inklusive Zwiebelsuppe und Galettes.

Familie Pauls wirtschaftet nach den Prinzipien des ökologischen Landbaus, hält Rinder und Schafe auf den Eiderstedter Wiesen sowie im Naturschutzgebiet. Im Hofladen des *Biolandhofs Pauls* werden neben den Produkten der eigenen Tiere von donnerstags bis samstags frisches Obst und Gemüse, Käse aus der Region, Eier, aber auch Nudeln und Brotaufstriche angeboten. Im Sommer vervollständigen Bio-Erdbeeren vom Westhof das Sortiment.

Brasserie
Hoyerswort
25870 Oldenswort
T. 04864-2039839
hoyerswort.de

Biolandhof Pauls
Markenkoog 1
25836 Welt
T. 04862-949
biolandhofpauls.de

Dem Meer hinterher
Trischendamm, Friedrichskoog

Herbsttagen wohnt eine gewisse Gelassenheit inne. Sie sind stiller als Sommertage und erwachen später zum Leben. So schläft auch Friedrichskoog an jenem Morgen noch halb. Als wir zur Deichkrone hinaufsteigen, ist das Meer verschwunden. Mattgrau, das Watt. Noch liegt ein leichter Dunstschleier über dem Horizont, der einen schönen Tag verspricht. Eine junge Familie ist hinausgezogen, das Watt zu erkunden, in Friedrichskoog-Spitze eine Kombination aus Sand-, Misch- und Schlickwatt.

Bei der sogannnten Tidenkurbel versucht jemand lachend, die Nordsee zur Rückkehr zu bewegen. Norddeutscher Humor, diese Kurbel. Wir steuern den Trischendamm an, um dem Meer hinterherzulaufen. Eigentlich funktioniert der Damm als Bollwerk im

Küstenschutz an dieser südlichen Spitze der Meldorfer Bucht. Durch den Bau konnte ein Priel eingedämmt werden, der Friedrichskoog hätte gefährlich werden können.

Ein schmaler Asphaltpfad über den Damm erlaubt es Spaziergängern, mehr als zwei Kilometer weit hinaus zu gehen. Zunächst sind da die ausgedehnten Salzwiesen zur Linken, durch Schlickablagerungen etwa einen Meter höher als das sich ausdehnende Schlammgrau zur Rechten. Vereinzelt weisen Pflanzen wie Queller auf eine ähnliche Entwicklung rechts hin. Was schließlich bleibt, sind in der Sonne glänzende Flächen bis zum Horizont. Die Stille. Die Weite. Die salzige Luft. Das Schmatzen des Watts. Ein Knutt und ein paar Möwen, die im Watt fischen. Sie piksen suchend mit ihren Schnäbeln im nachgiebigen Untergrund. Eine Möwe hält bereits einen zappelnden kleinen Krebs in die Höhe, lässt ihn aber wieder fallen.

Je länger man in diese amphibische Welt hineinläuft und sich vom Leben der Küste entfernt, desto mehr wächst jenes Gefühl von Freiheit. Prallvoll, die Seele.

Doch wie alles Schöne im Leben endet der *Trischendamm* irgendwann, irgendwo im Nirgendwo. Das Meer noch weit entfernt. Am Ende des Damms beginnt die Schutzzone 1 des Wattenmeers, Wanderungen im Schlick sind nun nicht mehr erlaubt. Eine Frau

Trischendamm
Strandweg
25718 Friedrichskoog
friedrichskoog.de

Vorbei an Salzwiesen und Schlick: Immer dem Meer hinterher geht man auf dem Trischendamm.

klettert noch ein Stück weiter über die Böschung, bis auch sie stehen bleibt und in die Ferne schaut. Neben der Ölplattform Mittelplate A sind auch der Fernsehturm von Cuxhaven, Containerschiffe in der Elbmündung, das Büsumer Hochhaus und die helle Sandbank von Sankt Peter-Ording mit ihren Pfahlbauten erkennbar. In der Mitte der Nordsee ragt etwas Rötliches in die Höhe, das muss Helgoland sein. Wie eine Fata Morgana wirkt die Insel am Horizont. Ewig möchte man an der Spitze des Damms stehenbleiben und dem Watt seine Zuneigung gestehen.

Besonderes & Schönes

In einer sternenklaren Nacht über den Trischendamm wandeln, ist wunderbar. Hier draußen kann man sie förmlich aufsaugen, die magische Stille des Wattenmeers. Und die Bilder am Nachthimmel deuten. An manchen Terminen geht es mit einem kundigen Nationalparkranger hinaus auf den Damm. Auch die Schutzstation lädt zu Erkundungen am Deich in der Dunkelheit ein, um das Watt intensiv zu erleben.

Schutzstation Wattenmeer
T. 04854-9298
schutzstation-wattenmeer.de

Vor Friedrichskoog-Spitze liegt die Vogelinsel Trischen, Namensgeberin des Damms. An sieben Monaten im Jahr wird sie von einer jungen Vogelwartin oder einem Vogelwart bewohnt. Sieben Monate Einsamkeit. Sieben Monate, in denen sich alles um die Natur dreht, um die Vogelwelt, die Seehunde. Wie der jeweils aktuelle Hüter das Vogelparadies erlebt, kann man im Trischen-Blog des NABU verfolgen. (blogs.nabu.de/trischen/)

Erspäht man einen verwaisten Heuler an der Küste, muss der zuständige Seehundjäger auf den Plan gerufen werden. Der Weg eines einsamen Baby-Seehunds oder einer vielleicht abgemagerten jungen Kegelrobbe führt dann nach Friedrichskoog in die einzige berechtigte Aufnahmestation von Schleswig-Holstein. Sobald es den Jungspunden wieder gut geht, dürfen sie hinaus. Auf die Zeit in Quarantäne, im Aufzuchtbereich und schließlich im Auswilderungsbecken folgt die Freiheit.

Seehundstation Friedrichskoog
An der Seeschleuse 4
25718 Friedrichskoog
T. 04854-1372
seehundstation-friedrichskoog.de

Showtime in der Seehundstation Friedrichskoog, wo Robben sich von ihrer besten Seite zeigen.

Bei Niedrigwasser spazieren die Liebhaber des Watts barfuß durch die graubraune Materie.

Schlemmen & shoppen

Vegane Falafel, Pannfisch-Teller oder ein Galloway-Burger mit Fleisch aus der Region gleich hinterm Deich in Friedrichskoog-Spitze? Gibt es im *Restaurant Deichbär*. Natürlich auch Torten oder Desserts wie Schokoladensoufflé mit roter Grütze. Im Innern herrscht nordische Gemütlichkeit, draußen sitzt man zwischen Dünengras in der Sonne.

Im rustikalen Ambiente der *Windmühle Ursula* aus dem Jahr 1875 schmeckt der hausgemachte Kuchen besonders gut. Oder im Freien, beim Eiswagen, der wie das Café während der Saison geöffnet ist. Im Hintergrund tummeln sich sechs süße Waschbären im Gehege, während der Mühlencaféhund ein Auge auf das Geschehen hat und gemütlich herumliegt. An den Samstagen vor Weihnachten ist Glühweintrinken angesagt. In dem Mühlenlädchen ist unter anderem selbstgemachte Marmelade im Angebot.

Restaurant Deichbär
Koogstraße 142
25718 Friedrichskoog Spitze
T. 04854-305
deichbaer.de

Landcafé Windmühle Ursula
Sabine & Rainer Hagmaier
Mühlenstraße 5
25719 Barlt
T. 0173-9778665

Im Siegestaumel
Die Kutterregatta in Büsum

Im Hafen herrscht eine Atmosphäre, als hätte sich die Kirmes mit Karneval gepaart. Die Sommersonne lacht breit, und die Büsumer Fischer auch. Denn der Höhepunkt des Jahres steht an, die Kutterregatta. Alle Schiffe sind feierlich geschmückt, einige der Mannschaften sogar verkleidet. Nicht nur die Kutter werden thematisch in Szene gesetzt, die jeweilige Besatzung scheint Teil des Gesamtkonzepts zu sein. Hier ein maritimes Schlumpfhausen mit blauen Bootsleuten, dort eine Art Südsee-Paradies, auch wilde Piraten fehlen nicht. Obwohl der Kapitän sagt, es sei noch Zeit, entern wir den dezent in Frankreichfarben geschmückten Fischkutter Westbank. Höflich winken wir der ausgelassenen Besatzung auf den anderen Kuttern zurück, die teilweise mit lauten Gesängen aus dem Hafen herausdüsen.

Einmal im Jahr wird im Hafen gefeiert. Die Büsumer Fischer schmücken ihre Kutter und liefern sich ein Rennen.

Wer gewinnt das Blaue Band? Aufgeteilt in Klassen starten die Schiffe bei der Büsumer Regatta.

Um Viertel vor eins legt die *Westbank* als einer der letzten Kutter ab. Gespannt blicken wir aufs Meer. Was passiert nun? Der Startschuss für die Kutterregatta fällt erst um zwei. Also tun wir, was alle tun. Wir cruisen, laufen uns warm. Hin und her, auf und ab vor der Büsumer Küste. An den Schwarm der Kutter haben sich ein paar Segler, Yachten und ein Ausflugsschiff gehängt. Sowie eine nachgebaute Hanse-Kogge aus Bremerhaven. Vereinzelt ist ein Helgoländer Börteboot auszumachen. Die typischen Holzboote von der Insel starten bei der Regatta in einer eigenen Kategorie. Auch die Küstenwache mischt mit, umkreist uns, winkt lässig und zieht weiter.

Wir sind etwa 40 Leute auf der *Westbank*, ein Team, das sich teilweise nicht kennt, aber spontan großen Ehrgeiz an den Tag legt. Es geht um das Blaue Band, die Siegertrophäe des Büsumer Rennens.

Die Spannung steigt. Auch die Stimmung. Kurz vor zwei bringen sich die Kutter der Klasse A in Stellung. Allerorten wird fleißig getutet. Dann saust das Leuchtfeuer am Büsumer Hafen in die Höhe, und Klasse A düst ab, immer Richtung Wendebojen. Über vierzig Minuten werden sie für die Strecke der Kutterregatta

AC
SD 23
24
22
20

Gute Laune unter den Gästen der Kutter, denn normalerweise dürfen sie nicht mitfahren. Nur einmal im Jahr, zur Regatta.

brauchen. Obwohl oben im Steuerhaus nur einer am Hebel steht, spüren wir die Aufregung überall an Bord. Ein Kribbeln, eine leichte Anspannung, als sich Klasse B an der Startlinie versammelt. Wieder ein Schuss, wildes Gekreische an Bord, mit voller Kraft voraus! Die Westbank wirkt nicht sonderlich schnittig: 24 Meter Länge, sechs Meter Breite, drei Meter Tiefgang. Aber der Kapitän legt den Hebel auf den Tisch, mit 13, 14 Knoten fliegen wir übers Meer. Noch vor den Wendebojen überholen wir einen Kutter der Klasse A, was geradezu euphorisierend wirkt. Vor der Kurve um die Bojen sollen sich alle am Oberdeck hinsetzen und festhalten. Der Kapitän nimmt die Kurve mit Bravour. Bald darauf preschen wir an einem zweiten Schiff vorbei. Der Kapitän wird angefeuert, ein Grüppchen singt fast auf dem gesamten Rückweg: „So sehen Sieger aus!“ Fast haben wir das Stellwerk erreicht, da ruft der Kapitän uns zu, eine La-Ola für das Begrüßungskomitee zu machen. Natürlich kommen wir aus dem Jubel und der La-Ola-Gymnastik kaum noch heraus. Irgendwie haben sich alle zu einer echten Mannschaft vereinigt, wildfremde Menschen fallen sich in die Arme. Und die schwerfällig wirkende *Westbank* holt am Abend bei der Siegerehrung zwar nicht das Blaue Band, wohl aber den ersten Platz in Klasse B.

Manche Kutter wollen mitsamt ihrer Crew ein bestimmtes Thema darstellen, man schlüpft zum Beispiel in Piratenkleidung.

Nur mit der *Hauke* geht es unter der Saison auch für Büsumer Gäste auf Krabbentour.

Besonderes & Schönes

Freie Plätze auf den teilnehmenden Kuttern werden zum Beispiel über die Büsumer Facebook-Gruppe vergeben. Sie gehen für circa 25 Euro weg, Getränke sind extra. Es ist eine der seltenen Gelegenheiten, überhaupt auf einem Kutter mitzufahren, da diese eigens für die Regatta eine Erlaubnis zur Personenbeförderung erhalten.

Reederei Adler & Eils
Fischerkai 2
25761 Büsum
T. 04834-3612
adler-eils.de

Wer es langsamer mag und gerne mal einen Fang miterleben möchte, hat in Büsum die Möglichkeit mit einem ausgedienten Kutter hinauszufahren. Und dabei noch zu lernen, wie man Krabben geschickt pult. Die *Hauke* legt am Fischerkai ab. Draußen vor der Küste dann der spannende Moment: Das Fanggeschirr senkt sich, das Netz wird auf Grund gelassen. Nun heißt es warten, bis der Baumkurren sich wieder hebt. Ein Teil des Fangs kommt ins Meerwasserbecken an Bord und wird analysiert, der Rest darf sofort zurück ins Meer. Kleine Fische wie der Wittling sowie Krebse, vielleicht ein Seestern und hoffentlich genug Krabben schwimmen im Becken, während die Algen aussortiert wurden. Die Nordseegarnelen können an Bord gekocht, gepult und probiert werden.

Wer auf den Geschmack gekommen ist, kann frische Krabben am Hafen bei der Frau eines Fischers kaufen und selber zu Hause pulen.

Kultur & Kulinarik

Die alte Kirche Büsums ist, wie sollte es anders sein, dem Schutzheiligen der Fischer und Küstenbewohner, Sankt Clemens, gewidmet. Das Hafenstädtchen war mal eine Insel namens Biusne. Schon die Vorgängerkirche des heutigen Baus lag auf einer mit Kleiboden errichteten Warft und bot den Einwohnern als einziges erhöhtes Bauwerk bei Sturmflut Schutz. Als im 15. Jahrhundert eine neue Kirche errichtet wurde, verwendete man teilweise die Fundamente der alten. Heute wirkt der weiß getünchte Backsteinbau inmitten des Ortes wie eine Insel im Trubel des Sommers. Das bauchige Innere von Sankt Clemens, ein Ort zum Wohlfühlen. Die Spitzbögen des weiß gestrichenen Chores münden in einem Rippengewölbe. Hier ist einer der Kirchenschätze zu entdecken, das bronzene Taufbecken aus dem 13. Jahrhundert.

Gleich bei der Kirche kann man sich niederlassen. Im familiengeführten Restaurant *Zur Alten Post*, dem ältesten am Platze, legt das Küchenteam um Chef Dirk Jockheck großen Wert auf die Regionalität, Frische und Originalität der Speisen. Klassiker wie Deichlammhaxe sind genauso im Angebot wie neue Kreationen, etwa Tatar vom Büsumer Matjes oder Tataki vom geangelten Thunfisch. In der loungigen Vinothek findet sich stets ein passender Tropfen, und Weintastings runden das Angebot ab.

Sankt Clemens
Kirchensteig/Neocorus-Platz
25761 Büsum
T. 04834-93410
kirche-buesum.de

Zur Alten Post
Hafenstraße 2
25761 Büsum
T. 04834-95100
zur-alten-post-buesum.de

Unter Robben
Auf der Düne von Helgoland

Die Sonne lacht, das Meer wiegt sich leise hin und her. Nach dem Ausbooten auf der Hauptinsel geht es weiter mit dem Boot zur Düne. Dort wartet der Seehundjäger. Was eine unpassende Bezeichnung sei, so Michael Janßen, als wir zum Nordstrand der Insel gehen. Zu den Robben. Eigentlich fungiert Janßen als Betriebsleiter der Düne, den Seehundjäger macht er ehrenamtlich. Wobei man heutzutage meist von einem Seehundbeauftragten spricht. Eine Dünenrangerin sowie eine Hilfsrangerin stehen Janßen zur Seite. Naturschutz und ein harmonisches Zusammensein von Mensch und Tier haben für ihn und seine Mitarbeiter oberste Priorität.

Am Nordstrand tanken mehrere Hundert Kegelrobben Sonne. „Genau wie wir brauchen die Tiere Sonnenlicht für die Vitamin-

Auf der Düne von Helgoland: Wo sich Seehunde und Kegelrobben am Strand aalen.

Die bunten Hummerbuden auf der Hauptinsel gelten als Wahrzeichen von Helgoland.

D-Produktion“, meint ihr Betreuer. Ein paar Naturfotografen liegen mit schweren Objektiven im Sand, nicht immer die geforderten 30 Meter Abstand einhaltend. Janßen macht einen von ihnen auf die näherrückende Wasserlinie aufmerksam, mit der auch die Meeressäuger stets ein Stück weiter hoch robben.

Vorbei die Zeiten, als sie von den Urlaubern bejagt werden durften. Ende des 19. Jahrhunderts konnten außerdem Enten, Möwen und Lummen geschossen werden. Seehunde galten als Jagdobjekt mit Seltenheitswert, Robben kamen seit dem Mittelalter kaum mehr vor. Michael Janßen ist nunmehr der Einzige auf Helgoland, der schießen, beziehungsweise im Notfall ein Tier erlösen darf. Dabei kommt er nach eigenen Angaben aus dem Tierschutz. Und wenn es irgendwie geht, versucht er kranke Tiere zu retten. So schicken er und sein Team jedes Jahr eine bestimmte Anzahl von Seehunden in die Auffangstation von Friedrichskoog auf dem Festland.

Probleme gäbe es auch mit Stellnetzen, so Michael Janßen. Einige Tiere hat er seit Anfang des Jahres von Netzresten befreien müssen, die mit der Zeit bei einem im Wachstum stehenden Tier tief in Haut und Fettgewebe einschneiden und schlimme Wunden verursachen. Wenn solche Tiere am Strand gesichtet werden, versucht er mit seinen Helfern, sie einzufangen und die Nylonschnüre zu entfernen.

Immer ruhig bleiben, wenn plötzlich ein Seehund beim Baden ganz in der Nähe auftaucht.

Janßens Blick schweift über den Strand. „Heute liegen hier hauptsächlich Bullen.“ Sie seien eher dunkel mit hellen Flecken, während es bei den Weibchen umgekehrt wäre. Doch die Kegelrobben sind mitten im Fellwechsel, gerade sehen sie fast alle gleich aus, wild gemustert nämlich. Die Bullen können bis zu 300 Kilo auf die Waage bringen und mehr als zwei Meter lang werden. „Uuuuuuuuh“, macht ein Weibchen, und es klingt wie Sirenengesang. Oft hört man auch eine Art Fauchen und Maulen. Dann kehrt wieder Ruhe ein. Manchmal übernachtet Michael Janßen im Sommer draußen auf der Düne, dann hört er den Gesang der Tiere die ganze Nacht lang.

Am Südstrand liegen die Seehunde. Silbrig glänzen ihre Leiber in der Sonne. Wesentlich kleiner, zarter, fischartiger, distanzierter und sensibler wirken sie. Liegen in aristokratischer, sichelförmiger Pose an der Wasserkante. Wenn sich hier beim Baden im Sommer ein Tier nähert, dann ist das meist eine Jungrobbe. Der Seehundjäger meint, sie können frech bis penetrant werden, auch gegenüber Menschen.

Michael Janßen unterhält sich mit einem Gast. Überhaupt wirkt er mehr wie ein Mittler zwischen Mensch und Tier. Und er kennt inzwischen die Sprache der Robben: „Wenn sie zum Beispiel mit der Flosse winken, sie auf und ab bewegen, dann ist das keine Einladung näher zu kommen. Es heißt: Verpiss dich!“

Dennoch gäbe es Situationen, da muss er eine schwere Entscheidung fällen. Wenn zum Beispiel eine starke Rückenkrümmung auf Lungenwürmer hinweise, dann kann er meist nicht mehr tun, als das Tier zu erlösen. Bei Seehunden darf er diese Entscheidung selbst fällen, bei Robben muss er zuerst nachfragen. Auch die Ranger halten die Augen auf und beobachten die Tiere ständig. Eingreifen darf nur der Seehundjäger, der dafür ausgebildet ist. So musste Michael Janßen den Jagdschein machen, Jagdaufseher werden und Schulungen über maritime Säuger absolvieren. Bereut hat er es nie. Auf der Helgoländer Düne scheint er sich genauso wohl wie die Robben zu fühlen. Und wenn er einen Heuler retten kann, freut er sich wie ein Kind.

Besonderes & Schönes

Seehunde werden seit 1974 in Schleswig-Holstein nicht mehr bejagt. In 2022 wurden zirka 23.650 Seehunde und über 8940 Robben im niederländischen, deutschen und dänischen Wattenmeer gezählt. Damit ist die Zahl der Seehunde rückläufig, während die der Kegelrobben anwächst. Auf Helgoland scheinen sie sich trotz des Tourismus wohl zu fühlen, dafür spricht allein die hohe Geburtenrate.

Anreise

Auf die Insel kommt man mit dem Seebäderschiff von Cuxhaven, Büsum, Bremerhaven und Hooksiel. Außerdem geht es mit dem Katamaran ab Cuxhaven und Sylt sowie ab Hamburg nach Helgoland. Alle Infos und Abfahrtszeiten sind über die Reedereien Cassen Eils (cassen-eils.de) und Adler (adler-schiffe.de) zu erfahren.

Am Südstrand ist in der Saison einiges los. Neben dem Sonnenbaden und Schwimmen können ein Stück weiter Robben beobachtet werden.

Wie ein Rückzugsort wirkt dieser Strandkorb bei den Dünen der Helgoländer Nebeninsel namens Düne.

Nachhaltigkeit

Helgoland strebt an, sich bis 2026 zu 100 Prozent frei von fossilen Brennstoffen zu versorgen. Die Anreise mit der *MS Helgoland* von Cuxhaven wird bereits heute mit einem Flüssiggasmotor betrieben, wofür das Schiff mit dem Blauen Engel ausgezeichnet wurde. Wer nachhaltig übernachten möchte, sollte die Wikkelhäuser am Nordstrand auf der Düne ausprobieren. Tiny Houses aus den Niederlanden mit 24 Schichten Pappe und wasserabweisender Außenhülle aus Holz. Auf ein Fundament kann verzichtet werden, und die verwendeten Materialien sind recycelbar. Im Innern herrscht ein minimalistischer, nordischer Stil. Einziger Nachteil dieser stylischen Minihäuser: Sie sind ab Freigabedatum viel zu schnell ausgebucht, eine Buchung ist nur online möglich.

Natur erleben

Das geht nicht nur bei den Robben auf der Düne, sondern auch auf der Hauptinsel. Am besten am Lummenfelsen, der schon 1964 zum Schutzgebiet erklärt wurde. Außer Trottellummen sind Basstölpel, Eissturmvögel, Tordalken und Dreizehnmöwen auszumachen. Wer sich nicht auskennt oder gerne mehr erfahren möchte, kann sich in der Hummerbude des Vereins Jordsand umsehen oder zu einer ornithologischen Führung anmelden.

Helgoland Tourismus-Service
Lung Wai 27
27498 Helgoland
T. 04725-808808
helgoland.de/ueber nachtungsmoeglichkeiten/ wikkelhouses/

Verein Jordsand
Hummerbude 35
27498 Helgoland
T. 04725-7787
jordsand.de/helgoland/

Schlemmen & shoppen

Für einen Klönschnack bei Bio-Tee oder -Kaffee, zum Frühstücken oder Kuchenessen ist das *Emma James* goldrichtig. Doch sind auch warme Gerichte im Angebot wie Labskaus, gratinierter Ziegenkäse und Fischfrikadellen. In einer nachgebauten Hummerbude verführen die Inhaber zum Kauf aus ihrem Sortiment von über 100 Sorten Pralinen, die teilweise vegan, organisch und fair gehandelt sind. Man ordert aus kleinen Manufakturen. So stammen die *Helgoländer Inseltaler* aus Lübeck.

Das Emma James
Schokolade & Café am Meer e. K.
J.-A.-Siemens-Terrasse 146
27498 Helgoland
T. 04725-8006648
das-emma-james.de

Im Reich der Fünffingerlinde
Riesewohld

Im Herbst wirkt der Wald anders, als würde er seine Geheimnisse bedecken. Laub und Bucheckern, die an Kindheit erinnern, liegen auf dem Weg. Der modrige Geruch feuchter Erde steigt hoch. Saftgrüne Polster aus Moos, die sich an den Füßen der Laubbäume hochrecken. Mit etwas Fantasie lässt sich die Form eines überwucherten Ringwalls entdecken, hier hat sich bereits um Christi Geburt eine Siedlung befunden. Ohne das Hinweisschild hätte man die Strukturen auf dem leicht hügeligen Gelände kaum bemerkt.

Ohne Eile, ab und zu innehaltend, geht es durch den Wald. Langsam, um Details aufzuspüren. Blätter, die im Gegenlicht grün aufleuchten. Die zart und empfindlich wirken.

Die Fünffingerlinde gilt als der wohl berühmteste Baum im Riesewohld, wenn nicht von ganz Dithmarschen.

Zur Rechten taucht eine ehemalige Jagdhütte auf, die in der Saison als Unterstand und Info-Haus dient. Die Tür ist verschlossen, doch ein paar Karten kleben an der Außenwand. Eine weist auf die gefiederten Anwohner des Waldes hin. Vom Baumpieper bis zum Zilpzalp – alles vorhanden. Sumpfmeise, Zaunkönig, Ringeltaube. Manche bleiben das ganze Jahr über im Riesewohld, wie der Eichelhäher. Unwillkürlich lauscht man in den Wald hinein, ohne zu entziffern, wer da gerade pfeift und flötet.

Vor dem Holzhaus ein vergilbtes Meer aus Farnen wie ein Symbol der Vergänglichkeit, untrügliches Zeichen des Herbstes. Pfützen blieben vom ersten Sturm, der Regen mit sich brachte, viel Regen. Unter dem Laub verschwindet der Pfad mehr und mehr.

Manche Äste liegen wie gebogene Schlangen am Rand. Was raschelt da? Das Blätterdach wird immer dichter. Konspirativ wirken die Kronen, als steckten die Bäume ihre Köpfe zusammen, als tuschelten sie. Doch ist es ein Geflecht aus Wurzeln und Pilzen, über das sie unterirdisch kommunizieren.

Riesewohld
Riesewohld 2
25767 Arkebek

Erst als wir den Star des Waldes erreichen, die Fünffingerlinde, brechen die Sonnenstrahlen wieder durch. Da steht sie, das kost-

barste und älteste Stück des Riesewohlds. Urtümlich, ungewöhnlich. Ringsherum wirkt der Wald wie verzaubert. Alles ist kreisförmig, die Anordnung der Bänke, das immense Dach der Linde. So viele Arme könnte sie haben, wie eine indische Gottheit. Um die fantasievolle Form rankt sich eine Legende. Ein zu Unrecht eines Verbrechens beschuldigter Wanderer soll die Hand zum Schwur erhoben haben. Fünf Finger. Allein geholfen hat es ihm nicht.
Von irgendwo das klopfende Geräusch einer Vogelstimme, das lauter wird und in Gesang übergeht. Man wandert vor und zurück im Riesewohld, mäandert wie ein wilder Bachlauf. Kurz vor dem Nadelwald bildet das Laub einen Bogen aus. Der eingefurchte Weg auf der anderen Seite birgt einen Perspektivwechsel, wenn der Waldboden zur Rechten nun quasi auf Augenhöhe ist. Im jüngeren Teil des Forstes wachsen Nadelbäume, die sich wie schmale Riesen in die Höhe recken.

Es ist der Laubwald, der dem Riesewohld seinen Namen gab. Einst wurden die Bäume von den Bauern genutzt und auf den Stock gesetzt. So schlugen sie erneut aus, und es entwickelte sich ein Niederwald. Unter „Ries", Niederdeutsch für Reisig, verstand man seinerzeit „Gebüsch".
Mindestens seit dem Mittelalter soll es den Riesewohld geben. Doch das Vorkommen von Winterlinden, die im Laufe der erdgeschichtlichen Entwicklung von Buchen verdrängt wurden, deutet auf ein höheres Alter hin.
Zwei Spaziergänger kommen des Weges. Man grüßt sich, schlendert weiter, ins Gespräch vertieft. Wer zu zweit geht, schweigt gemeinsam im Grünen, den Gedanken nachhängend. Auch das ist Waldbaden.

Ein Stück Wald, eine wahre Kostbarkeit an der Westküste Schleswig-Holsteins. Und der Dithmarscher Riesewohld hat eine besondere Geschichte.

Besonderes & Schönes

Südöstlich von Albersdorf kann man sich ebenfalls in der Natur verlieren, beziehungsweise in einem Landschaftsschutzgebiet. Das Gieselautal wird als landschaftliche Besonderheit gehandelt und zählt mit seinen Auwiesen und Erlenbrüchen zu den schönsten Bachtälern von Schleswig-Holstein. Man läuft über Pfade entlang des Baches, der später in den Nord-Ostsee-Kanal mündet, und folgt einer ausgeschilderten Wanderstrecke. Der Startpunkt liegt am Horstenmoorweg.

Wie man zur Steinzeit lebte und arbeitete, lässt sich in Albersdorf erfahren.

Wer ein paar Leute in Felle gekleidet oder vor einfachen Hütten hocken sieht, hat den Sprung zurück in die Steinzeit geschafft. Ein Stück weiter die Replik des Skeletts eines Wollhaarmammuts aus der letzten Eiszeit. Wir gehen an dieser Stelle über 50.000 Jahre zurück, denn in Dithmarschen konnten sogar menschliche Spuren aus der Altsteinzeit nachgewiesen werden. Der Park in Albersdorf bietet Geschichte zum Erleben und Anfassen.

Touristinformation Albersdorf
Bahnhofstraße 23
25767 Albersdorf
T. 04835-971097

Steinzeitpark Dithmarschen
Süderstraße 47
25767 Albersdorf
T. 04835-971097
steinzeitpark-dithmarschen.de

Der *Kerzenhof* von Dorte und Stephan Bork hat den dänischen Begriff *Hygge* für Dithmarschen definiert. Man wandelt über Kopfsteinpflaster und lässt sich entweder im Innenhof des reetgedeckten Hauses oder im ehemaligen Kuhstall nieder. Überall Vintage-Flair. Die Decken sind niedrig, die Balken sichtbar. In Sammeltassen kommt der Kaffee, dazu erfreut sich der Guglhupf großer Beliebtheit, ebenso wie die Apfelmustorte.

Etwa neun Kilometer von Albersdorf entfernt kann man eine entspannte Rast am Nord-Ostsee-Kanal einlegen. Auch Übernachtungen sind am *Kanal 33* möglich, der Café, Biergarten und Pension ist. Sonntags ist Pizza aus dem Holzbackofen im Angebot, ansonsten kann man sich bei kleinen herzhaften Gerichten oder Torten wie Apfel-Eierlikör oder Erdbeer-Sahne stärken. Im Shop stehen selbstgemachte und regionale Produkte zur Auswahl, eingewecktes Gemüse, Marmeladen und ganze Geschenkboxen.

Kerzenhof Café
Judenstraße 10
25725 Schafstedt
T. 04805-304
kerzenhof-dithmarschen.de

Kanal 33
Hohenhörner Str. 33
25725 Schafstedt
T. 04805-9014933
kanal33.de

Süße Pause in der Nähe des Kanals bei Schafstedt: draußen oder drinnen im atmosphärischen Kerzenhof.

Leben an der Elbe
In Glückstadt

Von oben betrachtet formt sich die Keimzelle der Stadt wie der Schirm einer Medusa. Als polygonale Radialstadt angelegt, folgte Glückstadt rund um den Marktplatz dem Zeitgeschmack im 17. Jahrhundert, Wohnblocks wie Tortenstücke formend. Das Überraschende an einer radialen Straßenführung ist, dass man schneller zurück am Ausgangspunkt eines Spaziergangs anlangt als gedacht. Es muss an der Krümmung der Querstraßen liegen. Die zum Wasser führenden Wege sind hingegen länger und bisweilen leicht geschwungen wie die Tentakel einer Medusa.

Maritimes Glückstadt: Im Binnenhafen kann nicht nur geankert, sondern auch gespeist werden.

Alles so neu am zentralen Fleth, wo nun Stufen und Sitzbänke zum Verweilen einladen.

Christian IV., König von Dänemark und Norwegen sowie Herzog von Schleswig und Holstein im 17. Jahrhundert, hatte die Vision einer neuen Stadt inmitten der wilden Elbmarschen. Mit soliden Festungsanlagen gen Nordost, um das Juwel zu schützen. Dort, wo man heute durch einen üppigen Park läuft. An der Elbe ließ er Deiche und eine Schleuse bauen, damit das Wasser nur dort hinkommt, wo es hinkommen soll. In den Binnenhafen. Dieser streckt sich genüsslich entlang der Stadt, flankiert von hübschen Fassaden. Ein Hauch vom Kopenhagener Nyhavn in Schleswig-Holstein. *Lykkestad* sollte dem aufstrebenden Hamburg Konkurrenz machen. Nur dass die größeren Schiffe weiterhin Hamburg vorzogen, was auch der Physiognomie der Elbe mit der vorgelagerten Rhinplate geschuldet war.

Zum Wasser ist es nicht weit. Man folgt einem der „Tentakel", passiert die Schleuse und landet am Hafenkopf. Zur Rechten pendeln die Fährschiffe nach Wischhafen in Niedersachsen über die Elbe. Die Nordsee prägt den Fluss mit ihrem Rhythmus, bei Ebbe verbreitern sich die Ufer merklich. Gegenüber vom Hafenkopf das dichte Grün der Rhinplate. Vereinzelt kreuzt ein Segelboot die Elbe, nur die dicken Pötte bleiben außen vor. Ihre Aufbauten lugen hinter dem grünen Riegel in der Elbe hervor, als wäre ein Hochhaus auf Rädern unterwegs, das sich gemächlich Richtung Hamburg schiebt.

Glückstadt bietet trotz seines Kleinstadtformats mit gut 10.000 Einwohnern ein buntes Bild. Und es bietet ein Bild des Wandels. So präsentiert sich das Fleth im neuen Look. Der einst zugeschüttete Kanal trennt den Schirm der Medusa von den Tentakeln, er durfte in den 80er Jahren wieder aufleben. Die letzte Sanierung sollte dazu beitragen, dass sich Menschen am Marktfleth barrierefrei bewegen und niederlassen können.

Die Segelschiffe im Binnenhafen erinnern an alte Zeiten, als man in Glückstadt noch mit der Heringsfischerei Geld verdiente.

Besonderes & Schönes

Die einstigen Einwohner nutzten den Hafen, um am Walfang teilzunehmen. Nach der Zeit in Grönland ging man mit Segelloggern auf die Jagd nach Hering. Daraus resultiert eine der heutigen Spezialitäten, der Glückstädter Matjes. Zwar kommt der Hering nun aus Norwegen und Dänemark, doch setzt in Glückstadt ein Matjesmacher auf die traditionelle Herstellungsart. Alles in Handarbeit. Ohne künstliche Farbstoffe und Reifungsmittel sowie ohne Konservierungsstoffe.

Schlemmen & shoppen

Den Blick auf Hafen und Elbe auf der Terrasse genießen und dabei Matjesbolle probieren, das geht im lässigen *Pier 73*. Wobei Matjesbolle ein Fladenbrötchen mit feinen Filets und einer sogenannten Hausfrauensoße darstellt. Daneben stehen Pasta, Flammkuchen und Fischgerichte je nach Saison sowie Burger und weitere Klassiker auf der Karte.

Unter Denkmalschutz: Die historischen Stadthäuser am Binnenhafen bilden ein hübsches Ensemble.

Glückstädter Matjes sind auch in anderen Restaurants zu probieren, etwa im Gasthaus *Der Kleine Heinrich* am Marktplatz. Das Lokal trägt den Namen eines Schiffes, da man sich der Seefahrertradition der Stadt verpflichtet fühlt. Die Speisekarte widmet sich der Holsteiner Küche und nicht selten gehen Gerichte wie Labskaus oder Fliederbeersuppe auf Rezepte der Mutter von Katrin van Weelden zurück, der heutigen Inhaberin. *Der Kleine Heinrich* ist Partner von Slow Food Deutschland.

Buchliebhaber, die auch einen guten Kaffee schätzen und sich mit ihrem Buch gerne in den Garten setzen, sind in der feinsortierten *Bücherstube am Fleth* genau richtig. Seit über 40 Jahren existiert sie schon. Umrahmt von Hortensienbüschen kann man im Sommer draußen sitzen. Zwischen Backsteinmauern, die den Soundtrack der Stadt wie aus der Ferne durchdringen lassen. Großes Herz und Kaffeemaschine, süße Kleinigkeiten gibt es dazu.

Cafébar, Laden und Floristik in einem, das ist das *Glückwerk* auf der Große Kremper Straße. Hier lässt es sich entspannt frühstücken, selbstgebackenen Kuchen essen sowie Wohnaccessoires oder Geschenkartikel einkaufen. Ein Teil des Sortiments wird in Werkstätten von Menschen mit Handicap hergestellt. So stammt beispielsweise der Kaffee aus der Eckernförder Rösterei, einem Integrationsprojekt.

Pier 73
Am Hafen 53 a
25348 Glückstadt
T. 0151-15748877
pier53glueckstadt.de

Glückwerk
Große Kremper Straße 1-3
25348 Glückstadt
T. 04124-6039021
glueckwerk.de

Der Kleine Heinrich
Am Markt 2
25348 Glückstadt
T. 04124-3636

Bücherstube am Fleth
Am Fleth 30
25348 Glückstadt
T. 04124-937546
buecherstube-am-fleth.com

Radfahren

In Glückstadt kann man aufs Auto gerne verzichten. Der Bahnhof liegt zentral in der Nähe des Parks, und vieles lässt sich zu Fuß oder mit dem Rad gut erreichen. Fahrräder sind u.a. bei der Tourist-Info ausleihbar. Auch bieten sich Touren entlang des Elbdeichs an, zum Beispiel nach Kollmar, ein um 1300 erstmals urkundlich erwähntes Dorf mit den typischen Katen der Gegend, einem Hafen, kleinem Sandstrand und einem sehenswerten Rosengarten.

Touristinformation
Große Nübelstraße 31
25348 Glückstadt
T. 04124-937585
glueckstadt-tourismus.de/
radfahren-in-glueckstadt-elbe/

Zwischen den Meeren
Am Nord-Ostsee-Kanal

Bei gutem Wetter sitzen sie am Kanal und grüßen, wenn man vorbeikommt. Sie wissen genau, wann welches Schiff auf der Bildfläche erscheint. Klappstuhl und Fernglas, ein Minimum an Ausrüstung. Fachsimpeln mit dem Sitznachbarn. Gerade im Sommer tauchen die Kreuzfahrtschiffe regelmäßig auf, es gibt einen Zeitplan für die Stationen Kiel, Rendsburg und Brunsbüttel.
Neben dem Spotten der dicken Pötte erfreut sich das Radwandern großer Beliebtheit am Kanal. Auf den alten Betriebswegen kommt selten ein Auto vorbei, und das nur zu Kontrollzwecken.
Wo beginnen, in Brunsbüttel? Oder in der Mitte. Im Vergleich zur Küste wirkt die Geest-Landschaft bei Breiholz lieblicher, runder, weicher. Der flachgewellte Sand- und Hügelrücken Schleswig-Holsteins mutet an wie eine Heidelandschaft. Wiesen, Wälder, Moore. Und dann die Eider, die sich durchs Land schlängelt und zu einer Kanu-Tour einlädt. Das geht auf dem Kanal nämlich nicht. Früh morgens oder am Abend, wenn gerade kein Schiff in Sicht ist

Wenn der Nebel morgens über die Badestelle Klein-Westerland kriecht.

Zu beiden Seiten des Nord-Ostsee-Kanals kann man auf den wenig befahrenen Dienstwegen radeln.

und das gleichmäßige Surren und Tuckern von Dieselmotoren wegfällt, spürt man die Ruhe. Dann plätschern die Wellen gegen die Böschung, raschelt der Wind durchs Uferschilf, sind die Vogelrufe zu hören. Klein-Westerland ist so ein Ort am Kanal. Unweit der Hochdonner Eisenbahnbrücke, die den Kanal seit 1920 überspannt, wirkt die kleine Bucht hinter dem gleichnamigen Campingplatz wie eine Oase. Früh am Morgen scheint die Campingwelt noch zu schlafen. Der Kanal ist in weißen Nebel gehüllt, durch den sich nach und nach das Sonnenlicht bricht. Schwaden ziehen übers Wasser, das andere Ufer ist schemenhaft zu erkennen. Dann vernimmt man ein Tuckern, das lauter werdende Geräusch eines Schiffsmotors, bis sich ein Gigant durch die Schwaden schiebt. Wie von Geisterhand gesteuert, um sich dann erneut vom Nebel schlucken zu lassen. Das Morgenlicht tupft flüssiges Gold in die Gesamtkomposition.
Was für ein Ort, was für eine Stille. Als wäre der Kanal kein banaler, vielbefahrener Verkehrsweg, sondern der weiße Tunnel in eine andere Welt. Feine Wölkchen dampfen zwischen den Ufern, als

wäre die Luft greifbar, als hätte sie eine plastische Struktur. In der Bucht tummeln sich ein paar Enten und Gänse. Hier und dort wächst Schilf am Strand. Zwei Treppen führen über die Böschung ins Wasser. Auf der anderen Seite ist die Bucht von dichtem Buschwerk und Bäumen gerahmt. Wer länger bleibt, kennt am Ende jeden Mensch, jeden Busch, jede Ente, jeden Baum, jedes Reh persönlich. Der Nebel hat sich gelichtet, einzelne Schwaden tanzen wie biegsame Säulen über dem Wasser.

Besonderes & Schönes

Der NOK gilt als die meist befahrene künstliche Seeschifffahrtsstraße der Welt. Acht Stunden braucht ein Schiff bei einer Geschwindigkeit von maximal 15 Kilometern pro Stunde, um das andere Meer zu erreichen. Der Kanal zwischen Brunsbüttel und

Außerhalb der Badezone von Klein-Westerland gehen manchmal Segelschiffe vor Anker.

Kiel existiert schon seit 1895 und wurde seitdem mehrfach erweitert.

Die maximale Größe, um die Wasserstraße befahren zu können, ergibt sich aus dem Verhältnis zwischen Länge, Breite und Tiefgang. Heute kann ein Schiff mit maximal 235 Metern Länge und 32,5 Metern Breite den Kiel Canal befahren. Begegnen sich zwei dicke Pötte, erlauben ihnen die von Dalben gekennzeichneten Weichen zur Seite zu fahren.

Touristische Arbeitsgemeinschaft Nord-Ostsee-Kanal
Jungfernstieg 2
24768 Rendsburg
T. 04331-6963844
nok-sh.de

Radfahren

Rechts und links wird der Kiel Canal von Betriebswegen flankiert, die beliebt unter Radwanderern sind. Manche fahren die komplette *320 Kilometer lange Radwanderroute* mit sämtlichen Schleifen ab, andere nur Teilstücke. Wer kein eigenes Rad mitgebracht hat, kann

Wer früh genug aufsteht, wird im Herbst mit etwas Glück von einer zarter Nebelstimmung verzaubert.

zum Beispiel eines der NOK-Räder ausleihen und damit ein Projekt Rendsburger Arbeitsloser unterstützen. Räder sind an diversen Servicestationen zu leihen, darüber hinaus gibt es Ladestationen, zum Beispiel bei Brauer's Aalkate. Die Arbeitsgemeinschaft NOK hält außerdem aktuelle Infos bereit, falls mal ein Teilstück der Betriebswege gesperrt sein sollte.

Ein besonderes Ereignis ist das *Lichterfest NOK Romantika* im September. Lichterketten zwischen Brunsbüttel und Kiel, ein buntes Programm auf der Schleusenmeile sowie Lichterfeste auch in kleineren Orten. Auch dazu informiert die Touristische Arbeitsgemeinschaft. (Impressionen unter www.nok-romantika.de.)

Schlemmen & Shoppen

In Rade direkt am Kanal erfreut sich *Brauer's Aal-Kate* großer Beliebtheit. Da heißt es, den dicken Pötten von der Terrasse zuzuschauen und dabei Zander, Hering, Aal oder Forelle aus der eigenen Fischerei zu vertilgen. Als letzter Fischer am Kanal hat Thomas Philipson den Betrieb vom Schwiegervater Hans Brauer übernommen, der 50 Jahre lang am NOK gefischt hat. Doch schon seit den 80er Jahren ist der Bestand im Kanal zurückgegangen. Man behalf sich mit einer Zuchtanlage für Regenbogenforellen. Aal, Zander, Butt, Karpfen, Barsch kommen je nach Saison aus dem Kanal. Es gibt sie zum Mitnehmen oder frisch zubereitet im Lokal.

Seit 2018 zählt das *Burger Fährhaus* zum Feinheimisch-Club. Man kocht mit Liebe und möglichst regionalen Zutaten, eine der Quellen ist der Bio-Bauernhof der Stiftung Mensch in Epenwöhrden. Wer da noch sehnsuchtsvoll den dicken Pötten am Kanal hinterher schaut, ist selber schuld. Es empfiehlt sich, rechtzeitig zu reservieren – außer zur Kaffeezeit.

Brauer's Aal-Kate
Schirnauer See 5
24790 Rade
T. 04331-91561
brauers-aalkate.de

Burger Fährhaus
Hafenstraße 48
25712 Burg
T. 04825-2417
burger-faehrhaus.de

Herannahende dicke Pötte sind bei Morgennebel über dem Kanal erst zu hören, bevor sie im Blickfeld auftauchen.

Am Wildschweinpfad
Wassersleben bei Flensburg

Aufgeblähte Wolken ziehen über die Förde in Richtung Flensburg. Auf dem Spielplatz am Strand von Wassersleben tummeln sich die Kids, Eimer und Förmchen liegen im Sand. Niemand ist im flachabfallenden Wasser zu sehen. Ein Mann sucht Meter für Meter mit einem Metalldetektor ab. Alle Anderen spazieren an der Wasserkante entlang, strecken ihre Gesichter der Sonne entgegen, beobachten Schwäne. Die Flensburger Förde endet mit einer fast senkrechten Linie zwischen Wassersleben im Norden und dem Flensburger Zipfel im Süden.

Der Klueser Wald reicht bis ans Wasser, wo der Strand beginnt und aufhört, er thront über dem Ort. Seine Wellenstruktur, ein Relikt der Weichseleiszeit. Dänemark liegt zum Greifen nah, die Grenze beginnt etwa 300 Meter vom nördlichen Ende des Strands entfernt. Auch bei den Nachbarn reicht der Wald bis an die Förde, der Kollund Skov. Von der Stadt Kollund sind nur ein paar Häuser zu erkennen, die näher ans Ufer gebaut wurden. Man könnte am

Zu manchen Zeiten bevölkern vor allem Möwen, Enten und Schwäne den Strand bei Wassersleben.

Nur für Mitglieder: Die Marina von Wassersleben wird als Vereinshafen geführt.

Grenzübergang Schusterkate zu Fuß auf die dänische Seite laufen und dort weiter über den sogenannten *Gendarmstien,* ein die Förde entlang führender Wanderweg. In Dänemark nennt man Wassersleben übrigens Sosti, Wildschweinpfad. Vermutlich eine Anspielung auf den einstigen Tierbestand . Aus Angst vor der Afrikanischen Schweinepest hatte man Anfang 2019 von dänischer Seite mit dem Bau des Grenzzauns begonnen. Für Fußgänger enthält er Tore, doch das Wild steht verständnislos davor.

Schneeweiße Segelboote ziehen in Scharen übers Wasser, vor allem auf der Flensburger Seite setzen sie sich vom Tiefblau des Wassers ab. Dahinter springt ein markantes Gebäude ins Auge: Die Marineschule Mürwik ragt hinauf, wendet sich mit ausladender Fassade der Förde zu. Eine Architektur im Stile der Backsteingotik, erbaut zu Beginn des 20. Jahrhunderts.

Kurios mutet auch der Name an, Wassersleben. Er rührt von einem ehemaligen Sekretär der deutschen Kanzlei in Dänemark her. Joachim Wasserschlebe erwarb nämlich genau hier an der Förde ein Grundstück als Altersruhesitz im 18. Jahrhundert. Wassersleben entwickelte sich als Villenvorort von Flensburg, wurde jedoch in den 1970ern ausgemeindet und zählt seitdem zu

Harrislee. 1971 verschönerte man den 600 Meter langen Strand großzügig mit Sandaufspülungen, 2020 erhielt Wassersleben eine neue Promenade. Strandhafer ragt nun von Mini-Dünen empor, Sonnenanbeter drehen sich auf ergonomisch geformten Liegen. Für Barrierefreiheit sorgt ein zum Wasser führender Steg.

Besonderes & Schönes

Von Mai bis September gilt Wassersleben als Hotspot für Stehpaddler, dann werden am Strand SUP-Kurse angeboten, Boards verliehen und die Beachbar hat geöffnet.

Wandern

Der 84 Kilometer lange *Gendarmenpfad* wurde als europäischer Qualitätswanderweg zertifiziert. Er führt auf dänischer Seite die Flensburger Förde entlang und endet in Padborg. Mit seinen Wäldern, Stränden und den Strecken über sachte gewelltes Hügelland wirkt er ausgesprochen abwechslungsreich. Einst patrouillierten dänische Grenzpolizisten hier zu Fuß, um nach Schmugglern Ausschau zu halten. Heute kann man den Weg zum Beispiel in fünf Tagesetappen gehen. Mehr unter www.gendarmsti.dk

Schlemmen & shoppen

Unweit von Wassersleben und gleich an der Förde rühmt man sich, Deutschlands nördlichstes Brauhaus zu sein. Das *Genusswerk* hält eine eigene Hopfenplantage auf Sylt und kreiert neben den Bieren auch Gin und Rum. Letzteres hat Tradition in Flensburg. Eigene Biere etc. können vor Ort auch gekauft und mitgenommen werden, etwa als Souvenir. Die Speisekarte liest sich je nach Saison etwas anders, im Herbst enthält sie Hokkaido-Kürbissuppe, Steinpilz-Ravioli und Steckrübenmus. Klassiker wie Currywurst und Schnitzel stehen ganzjährig zur Auswahl.

Noch ein Stück weiter die Förde hinab lädt die *Hafenküche* in ein Haus des Baujahrs 1840 ein, gleich am Museumshafen. Alles ist stilecht, die Architektur, die Details, die Küche. Es gibt keine Speisekarte, nur an der Tafel steht geschrieben, was aktuell auf die

Frische Luft macht hungrig. Vom Strand in Wassersleben ist es nur ein Katzensprung bis zu den kulinarischen Highlights von Flensburg.

Teller kommt. Darunter sind vegane Delikatessen wie gerösteter Wirsing genauso zu finden wie schwarzes Risotto oder Steinbeißer mit Kohlrabi. Kulinarisch spaziert man durch diverse Ecken, auch das passt zum weltoffenen Hafen.

Lykke ist dänisch und bedeutet Glück. Und glücklich wird, wer im *Lykke* frühstückt oder Kuchen isst, egal ob Porridge oder hausgemachten Hummus, Dinkelwaffeln oder schwedischen Schokokuchen, Sandwiches oder Tomatensuppe. Brot, Eier und Milch beziehen die Glückmacherinnen aus der Region.

Genusswerk Flensburg
Brauereiweg 21
24939 Flensburg
T. 0461-97879188
genusswerk-flensburg.de

Hafenküche
Schiffbrücke 40
24939 Flensburg
hafenkueche-flensburg.de

Lykke
Norderstraße 109
24939 Flensburg
T. 0461-40788222
lykke-norder.de

Baystation '71
Wassersleben 10
24955 Harrislee
T. 0461-16723030
paddlesandfins.de

Fördeschätzchen Holnis im Herbst

Wo die Stille wohnt: Holnis in der Nebensaison.

Wie eine nasse Haut hat sich der Regen über den Sand gelegt. Doch es dauert nicht lange, bis die Flecken in der Sonne trocknen und verschwinden. Von nun an barfuß, nichts als Sand unter den Sohlen. Die Möwen, das Wasser, der Strand, alles wie immer in Holnis Drei. Vielleicht ein bisschen ordentlicher, aufgehübschter. Stiller vor allem, und das liegt am Herbst. Außerhalb der Ferienzeit entfaltet Holnis Drei seinen ganzen Charme, seine Intimität, seine Ruhe. Man trifft immer wieder auf dieselben Leute. Was auch daran liegen mag, dass der Ort mit einem Campingplatz, wenigen Häusern, Strandbuden, einem Café und einer Pizzeria überschaubar bleibt. Glasklar die Förde an diesem Tag, Wolken spiegeln sich im Wasser. Blaugrün, flach, kostbar, der samtene Teppich. Im wadentiefen

Holnis Drei, das sind gut zwei Kilometer Strand an der Förde. Zum Blau gesellt sich Grün: Laub- und Nadelbäume setzen Akzente.

Wasser liegen ein paar Muscheln, Algen und Seegras wiegen sich phlegmatisch im Takt der Förde.
Wie aufbrausend die Ostsee bisweilen sein kann, erzählt ein Schild auf der Promenade des Strandortes: Im November 1872 hatte ein Orkan riesige Wassermassen vor sich her getrieben, die westliche Ostseeküste sah sich meterhohen Wellen ausgeliefert. Wo das reetgedeckte Bauernhaus in der Nähe des Strands steht, mahnt ein Schild. Das Hochwasser riss ganze Stallwände ein. Mehr als drei Meter über Normalnull maß man damals.
An Tagen wie diesen schwer vorstellbar. Im Wasser tummeln sich kleine Grundeln. Nähert man sich, flitzen sie davon, blitzschnell. Farblich verschmelzen sie mit dem sandigen Untergrund. Steht man wie festgewachsen, nähern sie sich und schauen neugierig aus Knopfaugen. Stundenlang kann man im Wasser waten. Bis Schwimmhäute zwischen den Zehen wachsen. Bis man jeden Stein und jede Muschel kennt. Bis man anfängt, mit den Möwen zu singen, die sorglos auf dem Wasser treiben.
Holnis Drei, das sind gut zwei Kilometer Strand. Im Norden wird der Beach etwas steiniger und, wie es im Katalogdeutsch heißt, naturbelassener. Wir übersetzen: Hier liegen mehr Dinge herum, die nicht unbedingt zur Natur des Strands gehören. Vergessene Boxershorts, eine verlorene Socke. Eine Murmel, eine vergessene Liebe. Erinnerungen an sternenklare Sommernächte.

Die Strandkorbzone hingegen wie aus dem Ei gepellt. In der Nähe der DLRG-Wache, die in einem Strandwagen beheimatet ist, kann man recycelte Dosen für Zigarettenstummel ausleihen. Bei herkömmlichen Filterzigaretten bestehen die Reste aus dem Kunststoff Celluloseacetat und enthalten giftige Stoffe wie Arsen, Blei, Cadmium. Mit der Zeit zerfallen die Filter zu Mikroplastik und gelangen in die Nahrung von Fisch und Mensch.
Quallen sind weit und breit keine zu sehen, die Wassertemperatur soll noch 20 Grad messen. Zeit zu baden. Am schönsten ist es, auf dem Rücken zu liegen und sich treiben zu lassen. Sich so sparsam wie die Algen im Wasser zu bewegen.

Besonderes & Schönes

Oberhalb von Glücksburg ragt die Halbinsel Holnis kapriziös in die Flenburger Förde hinein. Am östlichen Ufer folgt auf den Hundestrand besagter Holnis Drei sowie ein Strand für Surfer. Die Holnisser Noorstraße endet in einem Wendeplatz, wo das Naturschutzgebiet beginnt. Vor dem sogenannten Fährhaus, dem reetgedeckten Wohngebäude einer Bauernfamilie vom Ende des 18. Jahrhunderts, breitet eine opulente Linde ihre Arme aus. Ab 1824 hatte für gut 50 Jahre eine Fährverbindung zwischen Holnis und dem dänischen Brunsnæs bestanden, die eine neue Nutzung des Gebäudes als Gastwirtschaft nach sich zog. Heute gibt es an den Wochenenden Kaffee und Kuchen, doch ein Umbau steht an, dem eine Neuausrichtung in der Bewirtung folgen soll. Es wäre auch zu schade, denn der Blick von hier auf die Außenförde ist betörend schön.

Wie eine Nase ragt die Halbinsel in die Flensburger Förde, und Dänemark ist nie weit entfernt.

Naturschutzgebiet

Der Kern der Halbinsel formte sich während der Weichseleiszeit und ist mit Noor, Steilküste, Salz- und Seegraswiesen sowie Nehrungen Zeugnis einer landschaftlichen Vielfalt. Ende der 60er Jahre wurde der Ruf nach einem Naturschutzgebiet immer lauter, so konnte der Bau eines Ferienzentrums am Kliff verhindert werden. Seit den 90er Jahren wird das inzwischen 130 Hektar große Gebiet vom NABU betreut, der auch die Seevögel zählt und Führungen in den zugänglichen Bereichen anbietet.

Naturschutzhütte Holnis
T. 04631-441688
schleswig-holstein.nabu.de

Wandern

Neben den geführten Touren kann man das Naturschutzgebiet auf den erlaubten Pfaden selber erkunden, die Landschaftsarchitekten namens Hochlandrinder grüßen und den Vögeln lauschen. Eine einfache Runde vom Parkplatz zur Nordspitze, zum Seemannsgrab, zur Findlingsfläche und wieder zurück.

Wer mehr Meer möchte, wählt die längere Holnisrunde über den Fördesteig. Man könnte am Parkplatz von Schausende beginnen, den nördlichsten Leuchtturm des deutschen Festlands anpeilen, dann über die Noorbrücke in Richtung Steilküste und weiter bis zur Nordspitze. Zwischendurch ein kleiner Badestopp sei erlaubt, hier oder an der Stränden der Ostseite. Die Holnisser Fährstraße geht in die Promenade über. Und von Holnis Drei gelangt man über Kobbellück nach Schausende zurück. Etwa drei Stunden oder mehr sind dafür einzuplanen, je nach den Stopps unterwegs.

Staunen, schlemmen & shoppen

Glücksburg ist das Schloss, und das Schloss ist *Glücksburg*. Es ist Referenz- und Mittelpunkt, Veranstaltungsort, Wahrzeichen. Das Herz der Stadt, umgeben von Wasser, und ein wertvolles Stück nordischer Renaissance-Architektur. Durch die Geschichte des Schlosses und seiner herzoglichen Besitzer, die mit dem dänischen König verwandt waren, haben auch die dänischen Besucher eine besondere Beziehung zu Glücksburg.
Mit dem Fahrrad ist die Umgebung von Holnis Drei bis zum Schloss leicht zu entdecken auch von Sandwig aus, nimmt man ein paar Anstiege in Kauf. Rund ums Schloss freuen sich Jogger und Walker an grünen Wegen, die immer wieder den Ausblick auf die Baukunst des 16. Jahrhunderts preisgeben. Der Genuss lässt sich durch eine Pause in der *Cafeteria auf dem Schlosshof* noch steigern. Bei sonnigem Wetter sitzen alle draußen, direkt am Wasser. Drinnen wählt man vielleicht ein Stück Buttermandelkuchen – selbstgemacht wie diverse Sorten Marmelade, ein beliebtes Souvenir.

Nun zur Copacabana Glücksburgs mit überraschendem Urlaubsflair an der Innenförde. Sandwig. Draußen im *Strandbistro* lungert man auf diversen Sitzmöglichkeiten herum, lässt sich von den

Ein besonderes Beispiel nordeuropäischer Renaissance-Architektur prägt Glücksburgs Zentrum, umgeben vom Schlossteich.

warmen Sonnenstrahlen verwöhnen, immer das zum Greifen nahe Dänemark vor Augen. Die *M/S Viking* (viking-schifffahrt.de), die zwischen Glücksburg, Flensburg und den Ochseninseln ihre Runden dreht, legt an der Seebrücke an. Es duftet nach Fish & Chips, Flammkuchen und Falafeln. Und abends ein Sundowner.

Cafeteria auf dem Schlosshof
Schlosshof
24960 Glücksburg
T. 04631-4445161
schloss-gluecksburg.de

Sandwig Strandbistro
Kirstenstraße 6
24960 Glücksburg
T. 04631-6141490
sandwig-strandbistro.de

Schmatzend auf der Wiese
Kuhkuscheln in Jevenstedt

Und dann findet man sich an einem milden Herbsttag mitten auf einer Weide wieder. Sitzend, obschon sich der Boden nicht so warm wie die Luft anfühlt. Das Gesicht der Sonne entgegengestreckt. Neben dir Bubi, der Seite an Seite mit seiner Mutter im Gras liegt und gemütlich wiederkäut. Das Glück liegt auf der Wiese?

Am Anfang war es schon ungewohnt, inmitten einer Rinderherde zu stehen oder gar zu sitzen. Agrarwirtin Laura Morschett instruiert ihre Gäste, wenn sie sich zum Kuhkuscheln auf die Weide begeben. Keine hektischen Bewegungen bitte. Am Hals kommt das Kraulen gut an, im Gesicht weniger. Sie macht es vor, hockt sich auf eines der Kissen und schmiegt sich an Amira, die neben ihrer Tochter Annouk liegt. Beide haben nichts dagegen, dass man sie vorsichtig streichelt. Sogar neben dem größten Tier der Herde namens Themba geht das, auch wenn der massige Körper beeindruckend wirkt.

Wir ziehen weiter, als Themba sich erhebt, und visieren den nächsten potentiellen Kuschelpartner an. Bubi. Genau jetzt passiert es. Die anfängliche Unsicherheit, sämtliche Bedenken haben sich aufgelöst wie die Wolken am Himmel. Das Leben ist schön, die Sonne scheint großzügig, man genießt die Ruhe rundherum. Bubi schließt die Augen, und am besten tun wir es ihm nach. Beim Öffnen wirkt das Gras grüner, der Himmel blauer, die Luft milder.

Dabei spielen nicht nur Wiese und Sonne mit. Bubi tut seinen Teil dazu. Einfach durch seine lässige Ausstrahlung. Der warme Körper, das gleichmäßige Kauen, das flauschige Fell. „Seine Ohren sind ganz entspannt“, bemerkt Laura, die ein Stück weiter ebenfalls auf der Weide hockt. Sie weiß um den Effekt ihrer Lieblingstiere. Ursprünglich aus Niedersachsen kommend, hat sie schon als Jugendliche gerne im Kuhstall ausgeholfen. Da war es nur konsequent, Agrarwissenschaften zu studieren. Ihre Abschlussarbeit widmete sie der Tiergestützten Therapie.

Gemeinsam mit ihren Rindern setzt Agrarwirtin Laura Morschett auf tiergestützte Therapie und Kuhkuscheln.

Sie rät, bis zu den Hörnern hoch zu streicheln und die Hand um eines zu legen. Wie warm sich das Horn anfühlt, wie das Leben darin pocht. Laura erzählt ein bisschen, wie sie zu den 13 Rindern kam, jedes hat seine eigene Geschichte. Und alle sind sie auf ihre Art liebenswert. „Lebenskühe" nennt Laura sie. Auch ehemalige Milchkühe finden sich darunter, Donna etwa und New York, die Mutter von Bubi. Ihr inzwischen zweijähriger Sohn sollte eigentlich nach 14 Tagen verkauft und gemästet werden, doch er hat wahres Glück gehabt und darf nun sein souveränes Wesen auf der Wiese entfalten.

Ein Jahr hat Laura gebraucht, um die Kühe auf den näheren Kontakt mit Menschen vorzubereiten. „Gleichzeitig sollten sie nicht den Respekt verlieren", sagt Laura, die sich hin und wieder durchsetzen muss. Von Natur aus sei ein Rind gegenüber dem Menschen

Ella zählt zu Lauras sogenannten Lebenskühen und steht wie die anderen für Patenschaften zur Verfügung.

vorsichtig bis scheu. Aber eben auch neugierig, und das ist auf dem *Hof Lüttje Drööm* nicht anders. So hat Laura ihr Domizil liebevoll genannt, kleiner Traum.

Immer wieder trottet eine der Kühe heran, gespannt, was hier passiert. Liegen da nicht auch interessante Dinge im Gras? Laura lenkt die Neugierige dann sanft um, die Kuhflüsterin hat alles im Griff. Und irgendwann liegen alle 13, so unterschiedlich sie auch sein mögen, nur noch gemütlich in der Sonne. Das ist der Moment. Neben Bubi mitsamt seiner Ausstrahlung, Gemütlichkeit und Nonchalance, fühlt man sich wie ein Teil des Ganzen. Und ganz im Hier und Jetzt, inmitten der Natur.

Hof Lüttje Drööm
Laura Morschett
Jevenstedter Feld 5
24808 Jevenstedt
T. 01523-8566451
hof-luettje-droem.de

Besonderes & Schönes

Beim Kuhkuscheln sucht der Besucher die Nähe eines Rinds, um etwas von dessen Wesen kennenzulernen. In den Niederlanden wird es als Koe-Knuffelen bezeichnet und schon länger praktiziert. Kühe gelten als ausgesprochen sozial und liegen oft mit ihren

Lieblingen zusammen, egal ob Familie oder Freunde. Wer einmal die beruhigende Nähe einer Kuh gesucht hatte, denkt gerne daran zurück und kommt wieder. Laura Morschett bietet Kuhpatenschaften an, um ihre 13 Rinder zu versorgen, die nicht mehr im landwirtschaftlichen Dienst stehen.

In der Umgebung

Jevenstedt liegt nicht weit vom Nord-Ostsee-Kanal entfernt und nahe Rendsburg. Die Betriebswege seitlich des Kanals laden zu langen Spaziergängen und Radtouren ein, immer wieder ziehen Segler und dicke Pötte vorbei. Auch das Wilde Moor bei Osterrönfeld ist mit Wanderwegen ausgestattet, es strahlt eine ganz eigene Ruhe aus. Ein Besuch des nahen Rendsburg, bekannt für seine grazile Stahlbrücke über den Kanal, lohnt sich nicht nur wegen der Schwebefähre, es besitzt auch eine hübsche Altstadt.

Kulinarik & Kunst

Für ein leckeres Stück hausgemachten Kuchen oder eine Waffel bietet sich ein Besuch im alten Fachwerkhaus auf der Königstraße mitten in Rendsburg an, wo die Straßen sternlinienförmig auf den Paradeplatz zulaufen. Hier sowie im mittelalterlichen Kern nördlich des Stadtsees atmet die Stadt den Duft vergangener Zeiten aus.

Dann wäre da auch die skandinavisch inspirierte Alte Meierei in Büdelsdorf, das Ausstellungscafé der NordArt. Kaffee, Kuchen und Kunst? Genuss hoch drei. Die NordArt, eine der größten Ausstellungen zeitgenössischer Kunst in Europa, wird jedes Jahr neu konzipiert. Von Anfang Juni bis Oktober öffnet sie ihre Tore. Man wandelt durch die alte Eisengießerei der Carlshütte und einen 80.000 Quadratmeter großen Park nahe der Eider.

Café „Milch & Zucker“
Königstraße 26
24768 Rendsburg
T. 04331-3398814
cafemuz.de

NordArt / Kunstwerk Carlshütte
Vorwerksallee
24782 Büdelsdorf
T. 04331-354695
nordart.de

*Janbeck*s FAIRhaus*
Das erste Klimahotel Schleswig-Holsteins in Gelting

In Lehbeck, einem Ortsteil von Gelting, sind sowohl die Ostsee als auch die Schlei nicht weit entfernt. Oder die Geltinger Birk. Wer in der Gegend unterwegs ist, vielleicht mit dem Rad, und Lust auf ein Stück Kuchen bekommt, kann in Lehbek rasten. Doch in *Janbeck*s FAIRhaus* geht es nicht nur um ein nettes Gartencafé an einem schönen Ort, der Ruhe ausstrahlt. Um gemütliches Kaffeetrinken unter einer mächtigen Linde.

Familie Janbeck fühlte sich in der Hamburger Innenstadt nicht mehr wohl und entdeckte den typischen Angeliter Dreiseithof aus dem 18. Jahrhundert. Man kaufte die Ruine 2002 und investierte viel Arbeit und Herzblut in die Aufarbeitung.

Leckerer Kuchen mit dem Geschmack der Saison ist nur eines der Highlights in *Janbeck*s FAIRhaus*.

Seitdem Familie Janbeck 2002 eine Ruine erworben hat, wird das *FAIRhaus* immer schöner und klimafreundlicher.

*Janbeck*s FAIRhaus* entstand und erfreut seither alle, die gerne nachhaltig, umweltbewusst und mit gutem Gewissen reisen. Selbstredend gibt es Ladesäulen für E-Autos am Haus. Und Janbecks sind inzwischen Mitglieder bei Slow Food und Feinheimisch, Partner der Klimahotels und als umwelt- und klimafreundlicher Betrieb von Viabono und CO2OL zertifiziert.
Die Hausgäste freuen sich über ein Frühstück mit regionalen Produkten, die zu 80 Prozent aus Bio-Anbau stammen. Uta Jan-

Janbeck*s FAIRhaus
Lehbek 10
24395 Gelting,
OT Lehbek
T. 04643-186501
janbecks.de

Mit Liebe und zeitgemäßem, nachhaltigen Engagement führt Uta Janbeck gemeinsam mit ihrem Mann das *FAIRhaus*.

becks Zitronen-Brennessel-Aufstrich ist im Frühjahr der Renner auf dem Frühstückstisch. Brot und Brötchen backen sie im *FAIRhaus* selber, und zwar im Steinbackofen. Auch Limonaden sind selbstgekocht. Charakterstarke Hennen unterschiedlichen Typs zeichnen für die Produktion der bunten Eier verantwortlich. Und wer will, kann auch vegan oder vegetarisch frühstücken. Oder einfach erst einmal auf ein Stück Trümmertorte oder Möhrenkuchen einkehren.

Besonderes & Schönes

Die Geltinger Birk mit der Mühle Charlotte (siehe Seite 135), der Leuchtturm Falshöft zwischen Nieby und Pommerby und der Ostseestrand sind von Lehbek aus leicht mit dem Rad zu erreichen. Auch die gut 13 Kilometer zum *Naturerlebniszentrum Maasholm* lohnen sich. Dort heißt es dann absteigen und sich zu Fuß über den zwei Kilometer langen Lehrpfad bewegen. Von den Wikingern bis zur Vogelwelt reicht die Thematik. Wer Schweinswale liebt, kommt in einem der Ausstellungsräume auf seine Kosten. Es wird ebenfalls über Ostsee, Schlei und die Geschichte der Halbinsel informiert. Das Naturerlebniszentrum wurde auf einer ehemaligen Rakentenstation angelegt, die die Gemeinde Maasholm in der 80er Jahren übernehmen konnte.

Naturerlebniszentrum Maasholm
Exhöft-Seeberg 1
24404 Maasholm
T. 0172-5707477
naturerlebniszentrum.de

Lotseninsel / Schleimünde
lotseninsel.de

Vom Kappelner Hafen kann man mit einem Schiff der Reederei Gerda Müller (www.schleiraddampfer.de) entweder über die Schlei bis zur Dorfschönheit Sieseby oder nach Maasholm und zur *Lotseninsel* fahren, die im Besitz der Hamburger Lighthouse Foundation ist. Die Halbinsel Schleimünde trennt die Schlei von der Ostsee. Seit 1871 ragt hier ein hübscher kleiner Leuchtturm in die Höhe, heute ganz in Grünweiß. Das kleine Lokal *Giftbude* und das Lotsenhaus werden zwischen April und Oktober von den Schleswiger Werkstätten betrieben, ebenso wie der Kiosk und ein Gewächshaus. „Gift" stammt übrigens aus dem Althochdeutschen für Gabe, denn im Lokal gibt es etwas für alle Hungrigen. Etwa Scholle frisch vom Kutter oder hausgemachten Kuchen. Im Schleikiosk darf man nach Mitbringseln wie Taschen aus Segeltuch oder Schlüsselanhängern Ausschau halten.

Gemütlich ist es im Gartencafé. Und bei schönem Wetter zieht es alle nach draußen unter die Linde.

Klangwald am Morgen In der Geltinger Birk

Das Land hat sich mit der letzten Eiszeit geformt. Von Skandinavien schoben sich Eismassen mit Geröll und Felsstücken gen Süden und ließen die Schuttmassen beim Auftauen zurück. Voilà Schleswig-Holstein. Schmales, schönes Land, vom Wasser umarmt, vom Wind umtost.

Der letzte Gletscher formte die Flensburger Förde. Ringsherum die von Moränen gebildete, geschwungene Landschaft. Heute reicht die Halbinsel Angeln wie ein Fischkopf mit spitzer Nase in die Flensburger Förde hinein.

Und genau über dieses Kopfende, diese Landzunge, laufen wir. Gemeinsam mit einem Naturguide, der alles über die in der Geltinger Birk lebenden Vogelarten weiß. Der Profi kann einen Zilpzalp ausmachen, der ständig seinen Namen ruft. Oder das „Gigigi" eines Grünfinks, während er fliegt. Schön, dieser Klang-

Ebenfalls in der Landschaftspflege tätig: ein Spaelsau, das norwegische Pendant zur Heidschnucke.

Viele Besucher möchten die Koniks sehen, eine polnischstämmige Ponyrasse, die Wildpferden ähnelt.

wald am Morgen, wenn die Birk noch friedlich vor sich hindöst. Ein vielstimmiges Konzert, das nie zu laut wird. Und fürs Auge gibt es auch genug: Graugänse, Kanadagänse, Brandgänse und Schwäne. Seeschwalben auf kleinen Inseln in der Mitte der Birk, willkommenen Brutinseln. Sogar eine Rauchschwalbe kann der Guide entdecken. „Und dieses Bibibibip, das ist ein Kleiber."

Auch zur Landschaft ist viel zu erklären. Vom Segen der Wiedervernässung in der Birk, wo einst die Inseln Beverø und Barkø existierten. Letztere gilt als Namensgeberin der Birk. Das Meer schob Sandwälle gen Norden, irgendwann schufen diese eine Verbindung mit dem Festland. Von Menschenhand wurden die Gebiete zwischen den ehemaligen Inseln trockengelegt und landwirtschaftlich genutzt. Beim Abpumpen des Wassers half Charlotte. Die Erdholländermühle von 1826 diente aber nicht nur der Entwässerung des Noores, hier wurde auch Korn gemahlen.

Heute steht die Birk unter Naturschutz. Wildpferde und Galloways betreiben hier seit 2002 Landschaftspflege. Dass auf dem ehemaligen Kasernengelände am Rande der Birk ein ganzes Reetdorf entstand, stieß den Naturschützern zunächst auf. Das Projekt ist eng mit einer besonderen Verantwortung verknüpft, es gibt

Auflagen, auch was Licht und Lärm betrifft. Wer hier nächtigt, profitiert von der Stille. Er darf die Birk erleben, wenn die Tagesgäste fort sind.

Das Gebiet ist artenreicher geworden, seitdem in den Wintermonaten ab und zu Ostseewasser einströmen darf. Der Wasserspiegel stieg um zwei Meter an. Durch die Flutung starben einige Bäume, ihr Astwerk ragt aus dem Wasser. „Die Birk verfügt über das Klima einer Ostseeinsel", meint der Natur- und Landschaftsführer. Von der nördlichen Kante blicken wir über das blaugrüne Wasser der Flensburger Förde. Dänemark liegt vor uns, Sønderburg, die Anhöhe von Dybbøl Banke. Unser Guide kann die Landschaft lesen: „Hier laufen wir über einen alten Deich." Die ehemalige Insel Beverø lag im Norden des heutigen Gebietes und ist

Auf dem Leuchtturm Falshöft kann man heiraten oder einfach nur die Aussicht genießen.

teilweise noch erkennbar. Jedenfalls für Kenner. So ist das ausgeschilderte Tote Kliff eben kein normaler Abhang, es erzählt von alten Zeiten. Eine gelbe Rarität wächst hier, eine Pflanze von der roten Liste: die Stängellose Schlüsselblume, die deutschlandweit nur noch in Schleswig-Holstein vorkommt.

Und dann sind da noch die Kormorane. Der Wasservogel brütet in Gruppen am Boden oder auf Bäumen, die Geltinger Birk verfügt über eine größere Kolonie. Der Fischfresser gilt als heimisch in Norddeutschland, war jedoch in Mitteleuropa fast ausgestorben. Seit dem Jagdverbot der 70er Jahre erholte sich die Situation, was Fischer, Teichwirte und Angler nicht gerade erfreut. 1997 hob die EU den Artenschutz wieder auf. Wir entdecken schwarzglänzende Vögel auf geisterhaft wirkenden Bäumen. Weiße Äste, blätterlos.

„Der Kormoran-Kot kann den Baum so schwer beschädigen, dass er abstirbt", weiß der Fachmann.
Wem wir an diesen sonnigen Frühlingstagen in der Geltinger Birk nicht begegnen, ist die Kreuzkröte. Einst wurde sie durch Landwirtschaft und Entwässerung verdrängt, nun setzt man hier seit Jahren wieder Jungtiere aus. Aber scheu ist sie. Erst recht an den Wochenenden lässt sie sich nicht blicken, wenn es alle Liebhaber der Birk ins Grüne zieht.

Besonderes & Schönes

Für eine Landschaftsführung in der Birk oder eine Vogelerkundung mit dem NABU trifft man sich beim Parkplatz der Mühle Charlotte. Alle Infos und Termine sind auf der Seite der *Integrierten Station* zu finden. Während der Saisonzeiten ist auch die Ausstellung der Station über die Geschichte und Weiterentwicklung der Birk einen Besuch wert.

Kulturdenkmal

Er ist nicht nur zum Heiraten beliebt, der gusseiserne *Leuchtturm Falshöft*. Im klassischen rot-weißen Look ragt er beim Strand von Pommerby empor. Im Erdgeschoss beherbergt er ein kleines Museum zu 110 Jahren Geschichte, bis 2002 war er in Betrieb. Auf der Plattform hat man den schönsten Rundum- und Seeblick.

Integrierte Station Geltinger Birk
Falshöft 11
24395 Nieby
T. 04643-1860911
geltinger-birk.de

Leuchtturm Falshöft
Sibbeskjär
24395 Pommerby
leuchtturm-falshoeft.de

Schlemmen & shoppen

Unweit von Gelting liegt das *Sonne und Meer* gleich am Segelhafen Niesgrau. Ausgewählte Speisen finden sich auf der kleinen, feinen Karte, bei der Auswahl der Zutaten legt man Wert auf Qualität und Regionalität. Im Winter gibt es Maronensuppe, während der karamelisierte Ziegenkäse ein Dauerbrenner ist. Wem die Zubereitung von Schwarzwurzeln zu Hause zu aufwändig erscheint, kann die Suppe im Segelhafen probieren. Es gibt Dorsch aus der Ostsee und Kalbfleisch aus Satrup in Mittelangeln. Ein paar vegetarische Gerichte runden das Angebot ab.

Ein Stück weiter in Richtung Flensburg ist der *Hofladen Mangelsen* zu finden. Die Gurken und Tomaten stammen aus den eigenen

Die Schöpfmühle Charlotte, 1826 als Erdholländer erbaut, sollte bei der Entwässerung des Noores helfen. Heute gilt sie als Wahrzeichen der Birk.

Gewächshäusern. Auch weizenfreie Backwaren aus dem Steinbackofen sowie eigene Milch- und Fleischprodukte sind im ehemaligen Pferdestall zu kaufen. Dazu findet man eine gelungene Auswahl von Bio-Produkten und sogar Deko-Artikel. Das angeschlossene Café lockt mit hausgemachten Torten.

Restaurant Sonne und Meer
Gelting-Mole 2
24395 Niesgrau
T. 04643-185771
restaurant-sonne-und-meer.de

Birthe und Cord Mangelsen
Haffstr. 62
24989 Streichmühle
T. 04636-8621
hofladen-mangelsen.de

Am Weidefelder Strand
Kappeln

Morgens am Meer. Feiner, heller Sand überall, und das Wasser schimmert in einem Türkiston fast wie am Mittelmeer. Allein die Strandkörbe sprechen von kühleren Gefilden. Es ist einer jener wunderbaren windstillen Tage. Kein Surfer weit und breit. Weiße Segelboote durchkreuzen den Horizont auf kräftig blauer See wie in einem Gemälde.

Nach und nach füllt sich der Weidefelder Strand. Rechts geht es an der Wasserkante entlang nach Schönhagen, links nach Port Olpenitz an der Schleimündung. 2006 wurde der ehemalige Marinestützpunkt in bester Lage geräumt. Das Gebiet lag zunächst brach, entwickelte sich dann aber zum größten touristischen Projekt des Landes. Rund um den Yachthafen durfte sich neues Leben entwickeln, eine Promenade, ein Supermarkt, Ferienwohnungen und -häuser entstanden. Kein Einheitsbrei, keine Hochhäuser, sondern variationsreiche Architekturen und Unterkünfte mit Weitblick.

Während der Saison halten sich die Strandbesucher in legerer Kleidung an den Imbiss des beliebten Strandrestaurants *Lobster*, während Andere eigens zum Lunch mit Meerblick erscheinen. Ein Stück weiter steht ein Mann im Wasser und versucht im seichten Wasser mit dem Netz zu fischen. Über die Wasserqualität klagt hier niemand. Einige sagen, der Weidefelder Strand sei der schönste an der schleswig-holsteinischen Ostseeküste. Puristisch wirkt er, nicht gerade typisch für die Ostsee. Normalerweise sind es die charmanten bis gut ausgestatteten Orte direkt am Wasser, die die Leute anlocken. Strände zum Anfassen, wenn man so will. Mit allem Drum und Dran. Da muss der Weidefelder Strand zwangsläufig aus der Rolle fallen. Hier kommt man vor allem dann hin, wenn man das Meer mit all seinen Farben sucht. Zum Meditieren, Relaxen, Schwimmen. Zum Nichtstun.

Karibische Farbgebung am Weidefelder Strand. Mit Blick bis Port Olpenitz an der Schleimündung, dem unlängst neues Leben eingehaucht wurde.

Besonderes & Schönes

Vom Weidefelder Strand ist es nur ein Katzensprung bis *Kappeln*. Mit acht Kilometern Strecke die ideale Entfernung für eine Radtour. Die kleine, feine Stadt an der Schlei versprüht maritimes Flair, und das liegt nicht nur am einzigen Heringszaun von Europa. Wer sich in Hafennähe niederlässt, kann das Öffnen und Schließen der Klappbrücke verfolgen, wenn die Segelboote in Richtung Ostsee oder Schlei ziehen. Danach gemütlich durch den Ort bummeln und der unter Denkmalschutz stehenden Holländermühle Amanda einen Besuch abstatten. Allein ein Blick von der Galerie über die Stadt lohnt sich. Ebenso wie der Besuch von St. Nicolai, der spätbarocken Hauptkirche von Kappeln, die leicht erhöht über der Schlei thront.

Schlemmen & shoppen

In der Nähe der Mühle kommen Fischesser in der *Aal- und Fischräucherei Föh* auf ihre Kosten. Man räuchert im traditionellen Altonaer Ofen, doch stehen auch Matjes und Backfisch auf der Karte. Manch einer lässt sich auf der Terrasse nieder oder zieht weiter – nicht ohne ein Fischbrötchen in der Hand.

Das Restaurant *Tauwerk* ist zugleich das Clubhaus des Arnisser Segelclubs. Es liegt im Südhafen von Kappeln direkt am Wasser, und hinterm Herd steht Michel Helmchen. Fragt man die Einwohner, zählt es zu den beliebtesten Restaurants von Kappeln. Im Tauwerk setzt man auf frische, möglichst regionale Produkte. Als Dauerbrenner gilt die Fischsuppe, Veganer schwören auf die Zitronenspaghetti. Ein sympathischer Koch punktet mitsamt motiviertem Team, das dem Fachkräftemangel mit folgender Idee begegnet: Lernbegierige Schülerinnen und Schüler können hier erstes Geld verdienen und erhalten die Chance in den Beruf hineinzuschnuppern.

Der Heringszaun bei Kappeln ist einzigartig in ganz Europa. Seine Anfänge gehen auf das 15. Jahrhundert zurück.

Inmitten eines schönen Gartens liegt das Hofgebäude unter Reet. Einige Schafe streifen umher, andere ruhen im Schatten. Auch im *Hofladen Ahmen* dreht sich alles ums Schaf. Familie Sunder-Plassmann verfügt über 30 Jahre Erfahrung in Sachen Bio-Rohmilchkäse. Ihre Schafe grasen auf biologischen Dauerweiden. Dementsprechend wird Schafskäse in diversen Varianten angeboten, etwa mit getrockneten Rosenblättern, Basilikum oder Ingwer. Auch Schnittkäse-Sorten runden das Angebot ab.

Aal- und Fischräucherei Föh
Dehnthof 28
24376 Kappeln
T. 04642-2274
foeh.de

Tauwerk / ASC
Restaurant & Biergarten
Am Südhafen 4
24376 Kappeln
T. 04642-2158
tauwerk-asc.de

Hof Ahmen
Luise & Andreas Sunder-Plassmann
Wacholder Weg 1
24376 Kappeln / Kopperby
T. 04644-571
bioschafskaese.de

Kleinod der Künstler
Arnis an der Schlei

Wie ein Geschenk der Ostsee gilt die Schlei allen, die gerne am Wasser sind. Ein Stück Intimität fernab der Weite des Meeres. An einer der engsten Stellen liegt Arnis, das sich gerne als die kleinste Stadt Deutschlands bezeichnet. Viel interessanter ist, dass es eine kuriose Entstehungsgeschichte aufzeigt und noch viel von seiner Eigenart in der Gegenwart ablesbar ist. Arnis füllt eine Landzunge, die in die Schlei hineinragt. Mal Halbinsel, dann Insel, nun wieder Halbinsel konzentriert sich Arnis darauf, seine maritime Vergangenheit zu betonen. So ist es stärker mit dem Wasser verbunden als andere Schleidörfer. Immer noch existieren Werften, immer noch schaukeln Fischerboote im Wasser, wo die Fähre nach Sundsacker ablegt. Und rund um die Halbinsel streckt sich ein Bootssteg neben dem anderen in die Schlei.

Arnis besteht fast nur aus einer Straße, links und rechts flankiert von ebenso niedrigen wie niedlichen Häusern. Nur wenige gehen auf seine Entstehungszeit im 17. und 18. Jahrhundert zurück, doch

Direkt an der Schlei sitzen und Fischbrötchen schlemmen: In der *Strandhalle* 54 setzt man auf kreative Küche.

der Rest hält sich an den Dresscode. Bei einigen sind noch Standerker oder Utluchten zu finden, die wie ein Schaufenster aus dem Wohnzimmer in den öffentlichen Raum ragen. Klönbänke vor den Fassaden wirken einladend, nicht selten werden selbstgemachte Marmeladen oder Flohmarktartikel zum Verkauf angeboten. Arnis ist so ein Ort, wie ihn Künstler und Kunsthandwerker lieben. Hübsch und verschlafen, wären da nicht die zahlreichen Radfahrer, die auch das Gros der Passagiere auf der Fähre stellen. Arnis füllt besagte Halbinsel aus, während sich die Schlei meist träge rundherum bewegt. Inzwischen ist die Einwohnerzahl auf unter 300 geschrumpft.

Geht man an der Schifferkirche vorbei, in Teilen eines der ältesten Gebäude des Ortes, steht man schon bald vor dem Bistro *Strand halle* 54. Das Haupthaus weist noch auf die alten Fachwerkkünste der Gegend hin. Wegen der Offa-Quelle im Strandbereich machte man sich in den 20er Jahren Hoffnungen, Arnis als Kurbad etablieren zu können. Historische Aufnahmen von Badenden in der Schlei mit knielangen Badeanzügen und Mützen vor dem einstigen Umkleidehaus. Sogar eine Wasserrutsche gab es.

Die kleinste Stadt Deutschlands versprüht immer noch maritimes Flair, obschon Seefahrt und Schiffbau an Bedeutung verloren haben.

Die Lange Straße zieht sich zentral durch das im 17. Jahrhundert gegründete Arnis.

Der Wind nimmt Fahrt auf, Wellen rollen im Sand aus. Ausflügler, die picknicken. Segelboote am Horizont, die sich so stark beugen, dass sie fast kippen. Am äußersten Punkt wartet eine Bank unter einer Silberlinde, die ihre Arme behutsam ausbreitet. Stunden kann man hier sitzen, den Segelbooten zuschauen, den Geräuschen der Wellen lauschen. Die Schlei wirkt aufgekratzt. Fast wie das Meer an windigen Tagen.

Besonderes & Schönes

Von Schleimünde bis Schleswig reicht der Meeresarm über 42 Kilometer ins Land hinein, biegt, windet und krümmt sich wie ein Fluss, weitet sich an manchen Stellen wie ein See, bildet Noore aus. Nie schmeckt das Wasser wirklich salzig, da es sich mit Zuflüssen vermischt hat. Die Schlei entstand aus einer glazialen Rinne während der Weichseleiszeit und misst im Durchschnitt etwa drei Meter Tiefe. Stürmt es aus Nordosten, steigt der Wasserpegel schon mal um anderthalb Meter an.

Radfahren

Der Schleiufertörn startet in Arnis und führt über 25 Kilometer rund um den mittleren Teil der Förde. In Grödersby lohnt sich ein Stopp bei der alten Holländermühle, während Sieseby mit seinen reetgedeckten Häusern komplett unter Denkmalschutz steht. Die Tour lässt sich bis nach Kappeln ausdehnen, dann wären es gut 33 Kilometer.

Schlemmen & shoppen

Es ist nicht nur die Lage an der Schlei mit einer Terrasse über dem Wasser, auch die Fischbaguettes sind in der *Strandhalle* etwas Besonderes. Oder Pommes *Friesen Style* mit Nordseekrabben. Zur Kaffeezeit oder als Dessert stehen diverse Kuchen und Tarteletts zur Wahl.

Beliebt ist auch das Café *Schleiperle* mitsamt kleiner Eisdiele auf der Schlei. Neben hausgemachtem Blechkuchen, Torten und Desserts genießt man im Vintage-Ambiente des Holzhauses oder auf der Terrasse leckeren Flammkuchen, Tagessuppen und belegte Bauernbrote.

Von Juni bis November verkaufen Alke Thiesen und Markus Knorr Biogemüse aus eigenem Anbau. Auch mit Bio-Erdbeeren kennt man sich bestens aus: Während der Erntezeit darf auf dem *Hof Rabberg* selbst gepflückt werden, außerdem steht die Erdbeertorte draußen im Feld-Café hoch im Kurs. Letzteres besteht aus einem umfunktionierten Bauwagen sowie ein paar Tischen und Stühlen gleich am Kornfeld.

Strandhalle 54
Strandweg 123
24399 Arnis
T. 04642-927928
sh54.de/strandhalle-54/

Schleiperle
Strandweg 125
24399 Arnis
schleiperle-arnis.de

Hof Rabberg
Alke Thiesen &
Markus Knorr
Toft 8
24405 Rügge
T. 04646-858
hof-rabberg.de

Rhythmuswechsel Wandern mit Eseln an der Schlei

Zwinkert Uwe etwa? Er hat etwas Spitzbübisches und tanzt gleich an, als Barbara Becker am Gatter der Koppel erscheint. Neben Uwe tut sich Tante Ella hervor und futtert das Gras direkt am Zaun. Die Älteste im Bunde heißt Wanda. Weiter hinten Etosha, von französischem Blut, gleiche Höhe wie Wanda. Barbara wählt zunächst Etosha für den Spaziergang aus und legt ihr das Halfter an.

Und Uwe schafft es in die Damenrunde. Barbara erklärt, wie man die Zügel am besten hält, und wir spazieren los. Sämtliche Wandertouren starten an der Koppel in Brodersby, egal ob sie drei Stunden oder drei Tage dauern.

Es ist ungewohnt, mit einem Esel an der Leine zu gehen, Uwe verhält sich ganz anders als ein Hund. Zumindest zieht er nicht an der Leine. Außer wenn er futtern will. Und eigentlich will Uwe immer futtern. Soll er aber nicht. Wir wollen ja wandern. Im Esel-Rhythmus. Das ist nicht sonderlich schnell. Zumal Uwe ständig stehenbleibt, um seiner Gier zu frönen. Das hohe Gras am Wegesrand sieht besonders saftig aus.

Barbara hat bereits den fundamentalen Unterschied zwischen Pferd und Esel erklärt: Letzterer lässt sich nicht so leicht aus der Ruhe bringen. Überstürzte Handlungen seitens des Menschen könnten missverstanden werden. Also immer hübsch die Ruhe bewahren. „Der Esel braucht keinen Chef, sondern einen Freund", heißt es. Fehlanzeige bei Uwe. Man macht ihm klar, wie wichtig Freundschaft ist, doch er bleibt stehen und zupft weiter. Bleibt also nur, ebenfalls auf stur zu stellen und weiter zu laufen. Uwe ist zwar von geringer Höhe, hat aber sein Gewicht. Und wenn er müsste, würde er gewiss Bärenkräfte freisetzen.

Barbara Becker und ihre Esel begleiten Spaziergänge und Wanderungen von unterschiedlicher Länge rund um die Schlei.

Mit der Zeit klappt es besser mit dem Wanderrhythmus. Der Weg führt zunächst entlang der Schlei, die in ein magisches Licht getaucht ist. Das Funkeln steht im krassen Gegensatz zum schwarzen Himmel. Dunkle Wolken, die hoffentlich weiterziehen.

Etosha wirkt zwar entspannter und scharrt nicht mehr mit dem Vorderhuf, weigert sich aber trotzdem hin und wieder weiterzuwandern. Vielleicht hätten wir auf sie hören sollen. Wir biegen in einen schmalen Weg ein, laufen neben wogenden Weizenfeldern. Es geht ein bisschen bergauf. Als wir am weitesten von der Koppel entfernt sind, prasselt mit einem Mal der Regen nieder, setzt sich das Unwetter in Gang. Blitz, Donner, Hagel – das volle Programm.

Esel mögen kein Wasser, also geht lieber die Begleitung auf zwei Beinen durch die Pfützen, als dass Uwe sich nasse Hufe holt. Die Schuhe sind eh durchweicht und bilden zusammen mit dem frisch geschnittenen Gras eine neue, interessante Laufsohle. Da, ein Reetdach! Ein Café in Sichtweite. Doch lohnt es sich dorthin zu gehen? Barbara ruft kurz die Besitzerin an, da bestätigt sich schon der Verdacht: Geschlossen.

Ein Stück weiter steht ein einsames Haus in der Landschaft. Wir stellen uns in einem Stallgebäude unter, die Besitzer winken uns aus dem Haus gegenüber zu. Sie strahlen, dabei wirken wir vier vermutlich wie begossene Pudel, das Haar strähnig, der Blick leidend. Als es nachlässt, ziehen wir sofort weiter.
Ein Fehler! Denn das Glück währt nicht lange, es folgen neue Szenen des Gewitterdramas. Uwe läuft zwar weiter, doch der Appetit ist ihm vergangen, der Rücken leicht gebogen – ein Zeichen fürs Unwohlsein bei Eseln. Am Ende regnet es nur noch, und wir laufen mit langen Leinen in Richtung Koppel. Alle wollen nach Hause.

Die Esel Etosha und Uwe haben ihren eigenen Rhythmus beim Wandern, dem es sich anzupassen gilt.

Als wir erneut den Badestrand erreichen, bahnen sich ein paar Sonnenstrahlen den Weg durch die Wolken, und uns wird gleich etwas wärmer. Verlassen liegt der Beach jetzt vor uns, die Schlei wirkt aufgewühlt. Auf der anderen Seite senkt sich der schwarze Himmel drohend über Schleswig.
Wanda und Tante Ella veranstalten ein gelungenes Willkommenskonzert, als wir in Hörweite sind. Etosha antwortet gebührend und vermittelt den Eindruck, bei den Schiffshörnern am Hamburger Hafen in die Schule gegangen zu sein. Nicht nur in Bezug auf die Lautstärke. Die reinste Freude!

Eselkoppel an der Schlei
Barbara Becker
Koppelanlage
Strandweg
24864 Brodersby
T. 04622-1587
eselkoppel.de

2008 hat Barbara Becker die Eselkoppel gegründet, inzwischen bilden fünf Esel eine Clique an der Schlei. Zusammen mit ihnen kann man nicht nur wandern, sondern auch Geburtstag feiern, einen Eselführerschein machen oder nebenan im Garten herumwerkeln, um zum Beispiel Marmelade zu kochen.

Die *Schlei* zieht sich als Meeresarm der Ostsee über 42 Kilometer von Schleimünde bis Schleswig durch das Land. So bildete sich während der Weichseleiszeit eine glaziale Rinne mit einem Gemisch aus Schmelz- und Ostseewasser. Auch heute noch trägt Brackwasser besser, weil im oberen Bereich der Salzgehalt höher ist. Je nach Windrichtung kann der Wasserstand variieren.

Esel Uwe bleibt gerne mal am Wegesrand stehen, um etwas zu futtern.

Außen eine ausgefallene Architektur, ein Kniestockhaus aus der Gründerzeit, mit asymmetrischer Fassade und blau hervortretenden Details. Innen das *Kuchenhaus*, ein Café mit skandinavischem Flair. Auf den Tisch kommen hausgemachte Kuchen und Torten, etwa Himbeer-Trümmer, sowie auch Herzhaftes wie Quiche mit Waldpilzen – je nach Saison.

Direkt am Wasser entspannen lässt es sich am *Fährhaus Missunde.* Ein beliebter Ort, an dem man sich sein Plätzchen am besten reservieren lassen sollte. Denn auch kulinarisch schneidet Missunde gut ab. Das Angebot ist breit aufgestellt und reicht von der gebratenen Kutterscholle oder hausgemachten Serviettenknödeln bis zum Fährhaus Burger vom Bio-Weideochsen.

Artgerechte Aufzucht an Grünflächen bei der Schlei, zertifiziertes Bio-Fleisch und Eier direkt vom Bauern, das offeriert Familie *Bluschke.* Alle Bio-Produkte sind zu den Öffnungszeiten im Hofladen erhältlich, eine Auswahl davon rund um die Uhr im Regiomat an der Hofeinfahrt.

Das Kuchenhaus
Missunder Fährstraße 24
24864 Brodersby-Goltoft
T. 04622-9839323
das-kuchenhaus.de

Fährhaus Missunde GmbH
Missunder Fährstr. 33
24864 Brodersby
T. 04622-626
faehrhaus-missunde.de

Bioland-Hof Bluschke
Johannes Bluschke
Missunder Fährstraße 8
24864 Brodersby
T. 04622-420
hof-bluschke.de

Das süße Leben
In Eckernförde

Das Hafenstädtchen zwischen Windebyer Noor und Ostsee weiß zu leben, Ortskern und Strand sind nicht durch eine Straße voneinander getrennt. Stattdessen kann man barfuß am Strand oder parallel auf der Promenade flanieren. Kein Schnickschnack, keine großen Gesten. Eckernförde ist zugeschnitten auf die, die hier leben. Und das ist ebenso pragmatisch wie weitsichtig. Sind es Einheimische oder Urlauber, die auf den wellenförmigen Liegen am Strand ruhen? Sich der Sonne entgegenstrecken, ihren Hund streicheln oder mit dem Nachbarn schnacken? Ein Eckernförder verrät, dass er sich hier morgens manchmal zum Kaffeetrinken mit der Ehefrau niederlässt. Zu einer Zeit, in der garantiert freie Auswahl besteht. Wer ein Plätzchen auf dem neuen Strandmobiliar ergattert, kann ein Stück über dem Boden schweben, wellenförmig, und sich dabei nach der Sonne ausrichten.

Für Möwen ist der Tisch im Wasser am Eckernförder Strand reich gedeckt.

Mareminde, Tochter des Meeresgotts: Als wäre sie gerade den Fluten entstiegen, die Skulptur des Künstlers Eckhard Kowalke.

Vor dem zwei Kilometer langen Hauptstrand breitet sich das Wunderwasser der Eckernförder Bucht weiträumig aus. Grundfarbe: Türkis. Temperatur: angenehm, sogar noch im September. Bei endlosem Waten durch seichtes Wasser lernt man das Farbspektrum der Ostsee gründlich kennen. Neben den Schwimmern gibt es diejenigen, die einfach nur im wadenhohen Wasser herumstehen. „Hier ist einer, guck mal! Jetzt ist er weg. Da, einer krabbelt an meinen Füßen aus dem Sand!" Und so stehen und stehen und stehen sie. Tauschen sich über das Leben am Meeresboden aus. Den Blick stets nach unten gerichtet, auf das Kino am Grund der Ostsee. Plattfische sind es, die die Gemüter bewegen. Viele davon.
Ein Stuck weiter kämpft eine Möwe mit einer überdimensionierten Mahlzeit, lässt sie wieder fallen und verscheucht potenzielle Mitfresser. Plattfische sind also nicht nur zu Studienzwecken, sondern auch als Nahrung beliebt. Alternativ läuft man über eine der beiden Seebrücken aufs Meer hinaus, wo sich Seegraswiesen in den Wellen wiegen, kleine Ökosysteme der Ostsee.

Das wellenförmige Strandmobiliar erfreut sich großer Beliebtheit – sowohl bei Gästen als auch bei Einheimischen.

Da wundert es fast schon, dass sich die Eckernförder Badenixe vom Wasser abwendet. Es soll eben so aussehen, als sei sie gerade den Fluten entstiegen. Ihr Metallkörper, geformt vom Künstler Eckhard Kowalke, leuchtet in der Sonne. Wie eine vier Meter hohe Welle reckt sich die Nixe empor, erstarrt in der Bewegung. Laut der Sage von Mareminde hat sich die Tochter des Meeresgottes von ihren Fesseln befreit und stieg bei Eckernförde an Land. Nun geht sie dort nicht mehr weg, Mareminde trotzt den Stürmen ebenso wie kritischen Stimmen.

So ist der Eckernförder Hauptstrand mit allem Pipapo ausgestattet: Kunst, Kulinarik, Kirche. Ein Schäferwagen dient als Strand-

kapelle. Auf der einen Seite zieht sich die Promenade bis zum Südstrand, am anderen Ende liegt der Yachthafen. Den krönenden Abschluss des Hauptstrandes bildet das Ostsee Info-Center mit seinem Bistro und verknüpft das städtische Leben geschickt mit dem Beachlife. Man trifft sich auf den Holzstufen, trinkt fair gehandelten Kaffee oder ein Glas Eckernförder Kakabellen Bier. Tauscht sich miteinander aus und hat stets ein Auge auf die Kids am Spielplatz. Oder schaut sinnierend aufs Meer, dessen Farbe wie ein Sog wirkt. Eine Weile bleibt man hier, zusammen mit den Anderen auf den Stufen. Und genießt, wie die Stadt am Meer atmet.

Babitonga
Eckernförde

Besonderes & Schönes

Darf es ein bisschen Aufklärung und Hintergrundwissen sein? Im *Ostsee Info-Center* kann man Seehasen und Ohrenquallen zuschauen, mehr über Schweinswale erfahren, ihren Lauten lauschen sowie typische Pflanzen der Ostseestrände im Dachgarten kennenlernen.

Ostsee Info-Center
Jungfernstieg 110
24340 Eckernförde
T. 04351-726266
ostseeinfocenter.de

Schlemmen & shoppen

Direkt am Strand mit geräumiger Terrasse und heller, nordischer Gemütlichkeit im Innern lädt das *Treibgut* zu einem Aufenthalt ein. Selbst die Burgerbrötchen sind selbst gebacken, der Lachs selbst geräuchert. Neben einer großen Auswahl an vegetarischen Gerichten gibt es Homestyle Burger und Fisch.

Wer es lieber mediterran mag, und bei den sommerlichen Temperaturen im Hafenquartier kann manchmal ein leichtes Mittelmeer-Feeling aufkommen, lässt sich im *The Olive Tree* nieder. Die Bowls sind legendär, die Tapas sowieso und auch der Mittagstisch mit hausgemachtem Sauerteigbrot ist einen Versuch wert.

Über die Holzklappbrücke geht es in den Stadtteil Borby. Dort beherbergt die ehemalige Siegfried-Werft ein Hotel und Restaurant.

Unweit der Schlei und nah bei Eckernförde findet sich der *Biohof Schoolbek* mit einem großen Angebot. Während der Saison verkaufen sie Obst und Gemüse aus eigenem zertifizierten Anbau. Im Herbst produziert man Apfelsaft. Daneben umfasst das Angebot Fleisch, Molkerei- und Getreideprodukte – alles in Bio-Qualität. Sowie Drogerieprodukte, Naturmode und sogar isländische Lopi-Wolle hat ihren Platz im Sortiment.

Restaurant Treibgut
Kiekut 1
24340 Altenhof
T. 04351-8895613
restaurant-treibgut.de

The Olive Tree
Frau-Clara-Straße 9
24340 Eckernförde
T. 04351-7534777
theolivetree-eckernfoerde.de

Biohof Schoolbek
Schoolbek 5
24354 Kosel
T. 04354-457
hofschoolbek.de

Ländliche Idylle
Am Wittensee

Eine riesige Libelle kreist über der Wiese im Seegarten, und das Wasser glitzert nur so. Hinter dem See döst das Dorf Groß Wittensee. Aus der kleinen Schule tönen helle Kinderstimmen, in Gesang vertieft. Irgendwo hämmert ein Handwerker in die Stille hinein, sonst sind da nur die Vogelrufe am See. Zwei Holzbänke säumen einen winzigen Sandstrand. Ein Trupp von Blesshühnern hat den Schwimmerbereich hinter den gelben Bojen für sich allein. Alles wirkt so gepflegt und überschaubar, dass sich ein Gefühl von Vertrautheit ausbreitet. Hinter dem Strand öffnet sich der etwa 1000 Hektar große See, dem man die ungewöhnliche Form eines gleichmäßigen Rechtecks zunächst nicht ansieht. Wieder einmal trägt die Weichseleiszeit schuld, die letzte Designerin aus dem Clan der Eiszeiten. Der Wittensee ist nämlich das, was man einen eiszeitlichen Endmoränensee nennt.

Wenn hoch oben im Baum Klopfgeräusche ertönen, könnte ein Eichhörnchen im Spiel sein.

Von der Weichseleiszeit gestaltet wurde der viereckige Wittensee, der sich heute hinter dem grünen Rahmen der Bäume fast versteckt.

Erregte Rufe aus dem Schilf. Beim Waten durchs seichte Wasser verklingen die Geräusche, erstarrt jegliche Bewegung im Dickicht. Nun sind nur noch die auf der Schwimminsel versammelten Möwen und das Rauschen des Windes im Schilf zu hören. Ein dichter Kranz von Bäumen umarmt den See. Grün, das aus dem Wasser wächst.

Seltsame Geräusche erklingen aus der zentralen Esche des Seegartens. Eine Mischung aus Keckern und Klopfen. Da! Ein buschiger Schwanz, der zu einem kastanienbraunen Körper gehört. Ein wacher Blick aus dunklen Knopfaugen. Das Eichhörnchen trägt eine Haselnuss im Maul und schaut aufmerksam durch das flimmernde Grün. Dabei klopft es ab und zu gegen den Ast und nutzt ihn als Percussion-Instrument. Ein stringenter Rhythmus. Schwanz und Krallen scheinen beim Erzeugen der Klopfgeräusche behilflich zu sein.

Es ist Mittagszeit, ein paar Leute steuern den nahen Imbiss an. Eine Katze, groß wie ein Hund, streicht umher. Ein Einheimischer meint, sie sei im ganzen Dorf bekannt. Die Katze scheint wie die Libelle und das Eichhörnchen zum offiziellen Begrüßungskomitee zu zählen. So läuft das nämlich in Groß Wittensee.

Naturpark Hüttener Berge
Schulberg 6
24358 Ascheffel
T. 04356-9949545
naturpark-huettenerberge.de

Besonderes & Schönes

Gletscher formten auch die den See umgebenden *Hüttener Berge*, die seit 1970 als Naturpark gehandelt werden. Gleich ums Eck, ab der Habyer Straße, kann man zu Spaziergängen, Wanderungen oder Radtouren starten. Mit dem überraschenden Effekt, den Norden fast mal wie eine Mittelgebirgslandschaft zu erleben. Typisch für die Landschaft ist auch die menschliche Gestaltung der Felder und Wege durch sogenannte Knicks, Wallhecken. Hier blüht und duftet es im Frühjahr, während sich die Vögel im Herbst über die reifen Beeren freuen.

Schlemmen & shoppen

Von See zu See hoppen, das geht in Schleswig-Holstein gut. Zum Beispiel vom Wittensee bis zum kleinen, feinen Bistensee – ebenfalls ein Relikt der Weichseleiszeit. Kulinarisch lohnt sich der Sprung auf jeden Fall.

Regionale Küche trifft auf Portugal und Brasilien: Bei Spitzkohl in Nussbutter oder Deichlamm mit Kartoffelstroh im Gewächshaus am See sitzen – eine Option im *LammButtRind*. Pedelec oder Stromer können derweil laden.

Auf der *Seeterrasse Bistensee* kommt der Fang, etwa für die Fischrahmsuppe, frisch aus dem Bistensee, der Salzwasserfisch vom Kutter im nahen Eckernförde. Der Rest hauptsächlich aus dem Hofladen in der Nähe. Die Holsteiner Currywurst von der Räucherei Paasch ist angesagt.

Eine kleine Lücke im Grün, und schon ist ein Platz zum Chillen bei Groß Wittensee entstanden.

Der dichte Schilfgürtel rund um den See bietet den gefiederten Bewohnern geeignete Verstecke.

Die Landwirte unterschiedlicher Höfe haben sich beim *Biofleisch Hüttener Berge* in Ascheffel zusammengetan, einer immer freitags geöffneten Bioschlachterei. Darunter der Hüttenhof mit seinen Coburger Fuchsschafen. Oder der Hof Saelde, eine Integrationseinrichtung für Menschen mit Handicap, hier werden auf biodynamische Art Gemüse, Getreide und Kartoffeln angebaut, und es gibt eine kleine Milchviehherde. Glückliche Schweine, die draußen leben und sich suhlen dürfen, wohnen auf dem Bioland-Hof Andresen in Selk, aber auch Hennen und Kühe. Auf dem Angus-Hof der Familie Gosch in Holzbunge leben 40 Angus-Kühe in extensiver Grünhaltung. Auch der Waldhof Zydek ist ein Milchviehbetrieb, hier leben 45 Rotbunte Kühe, die von Frühjahr bis Herbst auf der Weide sind.

LammButtRind
Am See 1
24791 Alt Duvenstedt
T. 04338-99710
lammbuttrind.com

Biofleisch Hüttener Berge
Förstereiweg 9
24358 Ascheffel
T. 04351-476937
biofleisch-huettenerberge.de

Seeterrasse Bistensee
Dorfstraße 25
24358 Ahlefeld-Bistensee
T. 04353-9989569
seeterrasse-bistensee.de

Schwimmende Schweine
Artenvielfalt in der Arche Warder

Irgendwo kräht ein Hahn, meckert eine Ziege, röhrt eine Kuh. Das pralle Landleben zwischen Rendsburg und Neumünster. In der Arche Warder widmet man sich alten Haus- und Nutztierrassen. So begegnet der Besucher auf dem Weg über das 40 Hektar große Gelände auch gefährdeten Genossen, deren Typ im Zuge einer Überoptimierung der Urproduktion einfach nicht mehr gefragt ist. Charmanten Tieren wie den Poitou-Eseln, die in der gleichnamigen französischen Region einst Lasten tragen mussten. In der Arche sind sie ausschließlich für Landschaftsarchitektur zuständig. Man sieht sie grasen, was das Zeug hält. Auch Büsche werden kurz gehalten, doch rühren die Esel kein Johanniskraut und nichts Blühendes an. Worüber sich wiederum die im Park ansässigen Bienen freuen. In ganz Schleswig-Holstein gibt es 296 Arten von Wildbienen, die jedoch mit ungeübtem Auge schwer zu identifizieren sind. Teilweise wirken sie wie Fliegen, schmal und unscheinbar. Auch Honigbienen und ein Imker sind im Park an-

Eine blondgelocktes Mangalitza Schwein kommuniziert mit seinen noch kurzhaarigen Ferkeln.

Ein Vertreter der aus Kroatien stammenden Turopolje Schweine zieht schnaufend durch einen Teich.

zutreffen. Auf dem Naturgelände mit Wiesen, Sträuchern, Bächen und Bäumen, die im Sommer voller Obst hängen, kann man sich eine ganze Weile aufhalten. Hier und dort sind Tische und Stühle zu finden, die als Rast- und Picknickplätze dienen. Ein Tag vergeht schnell in der Arche, oder betont langsam, ganz wie man will. Ein Ort zum Entschleunigen, nicht nur zum Lernen. Einige Familien übernachten gar in einer der Holzhütten.

Das Schweineland zieht sich durch die Mitte des Parks bis ans obere Ende. Zehn unterschiedliche Rassen tummeln sich hier. Darunter die chinesischen Maskenschweine Cindy und Dieter, die distinguiert einer vorbei watschelnden Ente hinterher blicken, um sich kurz danach in Zärtlichkeiten zu verlieren. Das Maskenschwein gilt übrigens als älteste Hausschweinrasse. Auch Exemplare des Angler Sattelschweins, Schwedischen Linderöds, Bunten Bentheimers und des wolligen Mangalitza Schweins wuseln munter durch die Gegend. Als Mythos erweist sich die Annahme, dass Schweine einfach nur grunzen, Vielmehr erzählen sie in

Als Landschafts-pfleger dürfen die Poitou-Esel auf dem Gelände „arbeiten“, in Frankreich mussten sie einst Lasten tragen.

einem fort und bedienen sich dabei unterschiedlicher Tonlagen. Dabei bewegen sie ihren Rüssel unablässig. Was Jung und Alt immer wieder in Begeisterung versetzt, sind die Schwimmkünste der aus Kroatien stammenden Turopolje Schweine. Sie ziehen kraulend durch einen Teich, jagen Äpfeln hinterher, schnaufen und scheinen das Wasser zu ventilieren. Der satte Klang eingesogener Luft, original Schwimmschwein-Sound. Vor lauter Schweinen, Schafen, Rindern, Pferden, Enten, Hühnern, Kaninchen und Gänsen fühlt man sich fast überfüttert von tierischen Eindrücken. Aber dann gibt es ja auch noch die stillen Eckchen im Park als Rückzugsorte.

Besonderes & Schönes

Der Verein setzt sich für den Erhalt alter Rassen ein, so züchtet und verkauft er zum Beispiel Deutsche Sperber und Skudden. Durch die Tierparkpädagogik wird der Park zu einer Art lebendigem Museum. Für seine Arbeit ist er bereits zweifach im Rahmen der UN-Dekade Biologische Vielfalt ausgezeichnet worden.

Die *Arche Warder* finanziert sich vor allem durch Spenden und Patenschaften, aber auch durch Eintrittsgelder und den Verkauf der hier gezüchteten Tiere. Man ist zertifizierter Partner von „norddeutsch und nachhaltig – Bildung gestaltet Zukunft“, einer Initiative der Länder Hamburg, Mecklenburg-Vorpommern, Schleswig-Holstein und Sachsen-Anhalt.

Anreise

Mit der Bahn bis Nortorf bei Neumünster, dann mit dem Bus 786 direkt zur Arche oder die letzten neun Kilometer ab Nortorf mit einem mitgebrachten Rad fahren.
Vom Kieler Hauptbahnhof fährt die Linie 4610 Richtung Itzehoe, bei Langwedel Denkmal aussteigen und noch etwa 1200 Meter zu Fuß bis zur Arche laufen.
Wer mit dem Auto anreist, nimmt die Abfahrt Warder von der A7, beziehungsweise die Ausfahrt Blumenthal von der A215. In Richtung Nortorf halten.

Schlemmen & shoppen

Das Restaurant *Farmküche* bietet Hausmannskost sowie vegetarische und vegane Gerichte. Dabei setzt man auf die Produkte der Region, teilweise in Bio-Qualität. Im Angebot sind etwa Ratatouille, Salate und hausgemachte Burger. Das Fleisch stammt von Tieren aus zertifizierter artgerechter Haltung.
Handgemachte Spaghetti, Marmelade von der Ostsee, eigener Honig und Fleisch aus artgerechter Haltung sind im Hofladen der Arche zu erhalten. Aber auch Mitbringsel wie handgetöpferte Schalen, Seifen und Wollprodukte aus der Region.

Arche Warder
Zentrum für alte
Haus- und Nutztier-
rassen e.V.
Langwedeler Weg 11
24646 Warder
T. 04329-91340
arche-warder.de

Immer am Wasser entlang
Mit dem Rad durch Kiel

Manche wirken so groß wie Jungschwäne und stehen unverdrossen in der Menge zwischen Spaziergängern, Joggern und E-Rollerfahrern: Kiel hat die dicksten Möwen. Wer mit dem Rad unterwegs ist, muss ihnen hier und dort ausweichen. Das große Miteinander scheint selbst zur Rush Hour am späten Nachmittag zu funktionieren, wenn zahlreiche Kieler von der Arbeit kommen und auf der beliebten Strecke am Wasser zurückradeln. Die Möwen stehen da, stoisch, leicht verwirrt, als wären sie gerade via Zeitsprung gelandet.

Kiel ist zurück ans Wasser gekehrt, für seine Bewohner. Das belegt nicht nur die Aufwertung der Innenstadt durch den Kleinen Kiel

Kanal, der als Verbindung zwischen Bootshafen und Kleinem Kiel funktioniert. Es ist vor allem der Abschnitt der Kiellinie und des Düsternbrooker Fördehangs, wo die Stadt aufatmet. Das Landeshausufer, die Reventlouwiese, der Sandhafen – alles autofrei. Kiel auf dem Rad quasi der Länge nach zu durchqueren, heißt das Ziel. Von der Hörn über die Holtenau bis zum Nord-Ostsee-Kanal. Schleswig-Holsteins Landeshauptstadt hat gut 246.000 Einwohnern und 25.000 Universitätsstudenten, die gemeinsam mit denen der Fachhochschule und Kunsthochschule das urbane Leben stark mitprägen. Die Radwege werden eifrig genutzt, wie so oft in Uni-Städten. Beginnen wir am Kleinen Kiel, fahren über Bergstraße, Holtenauer Straße und Schleusenstraße gen Norden. In der City gibt es neue, alte, breite und schmale Wege, oft ist der Übergang zwischen Einbahn-Radwegen oder solchen mit Gegenverkehr nicht gleich ersichtlich. Bei den schmaleren Wegen peitscht einem schon mal ein Strauch vors Knie. Doch Kiel gibt sich Mühe, saniert ältere Strecken, nimmt neue Projekte in Angriff. So soll die Route am Ostufer bis 2025 fertiggestellt werden. Die ausgewählte Strecke ist abwechslungsreich, erlaubt zeitweise auch schnelleres Fahren. Trotz des Auf und Abs kommt man nicht aus der Puste. Und die Fördestadt ist hügeliger, als man denkt.

Die schwimmende Strandbar am Sandhafen macht Lust auf eine Pause während der Radtour.

Mit der Personenfähre geht es bei Kiel-Wik auf die andere Seite des Nord-Ostsee-Kanals.

Verschnaufpausen bei der Fähre über den Nord-Ostsee-Kanal und an der *Aussichtsplattform der Schleuse* bieten sich an. Gleich tut sich was, kommt ein schwer beladenes Frachtschiff um die Ecke, steuert auf die Schleuse zu. Jeder sucht den perfekten Platz zum Fotografieren. Unter den Besuchern zwei Spotter mit Durchblick, die die Geschwindigkeit der Fähre aus Litauen fachmännisch kommentieren. Der Kanal und die Förde als Fernwehorte. Fähren starten von Kiel in Richtung Oslo, Göteborg und Klaipeda.

Zurück geht es über die maritime Veloroute, den vielleicht schönsten Radweg der Stadt – immer am Wasser entlang. Vor allem an der breiten Promenade von Kiellinie und Düsternbrooker Fördehang fühlt man sich gut aufgehoben. Wo die Möwen mitten im Gewusel stehen und eine Ruhe verbreiten, die nur noch vom leisen Klatschen des Wassers gegen die Uferkante getoppt wird.

Der nächste Stopp ist am Sandhafen fällig. Man könnte die schwimmende Strandbar aufsuchen. Der krönende Abschluss quasi, ein Kaffee auf dem Wasser. An der *Badestelle Bellevue* schwimmt gerade niemand. Nächstes Mal also: Badesachen einpacken. Bunte Strandhäuschen stehen als Umkleidekabinen zur Verfügung. Da wirft die Sonne einen Blick durch die Wolken, und alles strahlt.

Eine Jugendstilschönheit am Kieler Hörn: Mit dem Raddampfer Freya ist eine große Kanaltour bis Brunsbüttel möglich.

Förde und Kanal bestimmen das Leben des maritimen Kiels. Die Aussichtsplattform am Torbunker 4 in Kiel-Wik vermittelt einen Eindruck davon, wie es auf der meist befahrenen künstlichen Seeschifffahrtsstraße der Welt zugeht. Zudem ist der Fährverkehr der Förde zu beobachten. Die Wasserstände in Kiel sind nicht so stark tideabhängig wie in Brunsbüttel. So ähnelt der Normalwasserstand des Kanals dem mittleren Wasserstand der Förde.

Bellevue mitsamt dem Steg gilt als *die* innerstädtische Badestelle während der Saison. Der Eintritt ist frei, es stehen Umkleiden, Sonnenschirme, sanitäre Einrichtungen und ein Erste-Hilfe-Zelt zur Verfügung. Allerdings ist das Baden hier nur für Schwimmer geeignet.

Darf es ein bisschen bunt werden? Im *Alten Botanischen Garten* nahe der Förde begegnet man je nach Jahreszeit anderen Farb-, Duft- und Bildkompositionen. Er wurde gegen Ende des 19. Jahr-

Hinaus aufs Meer: Hinter den Schleusenanlagen von Kiel-Wik erreichen die dicken Pötte das andere Ende des Kanals und die Ostsee.

hunderts angelegt und wartet unter anderem mit exotischen Exemplaren wie einem Urweltmammutbaum, einem Gingko-Baum und einem chinesischen Surenbaum auf. Im einstigen Haus des Garteninspektors ist Ende der 90er das Literaturhaus Schleswig-Holstein eingezogen, das in regelmäßigen Abständen Lesungen anbietet.

Aussichtsplattform Schleusen
Maklerstraße 1
24159 Kiel
wsa-nord-ostsee-kanal.wsv.de

Badestelle Bellevue
Kiellinie / Anlegestelle Bellevue
kiel.de

Alter Botanischer Garten
Schwanenweg 14
24105 Kiel
T. 0431-568286
alter-botanischer-garten-kiel.de

Schlemmen & shoppen

Palmen, Sand und Urlaubsflair auf Deutschlands einziger komplett schwimmender Strandbar, einem 500 Quadratmeter großen Ponton. Ein recycelter Seecontainer dient im *Sandhafen* als Bar, hier werden die Drinks gemixt, der Kaffee gebrüht, die Hafenbrote gegrillt und die Waffeln gebacken. Alle, die an einem Souvenir interessiert sind, finden Mützen, coole Caps und Shirts.

Egal, ob ein veganes Frühstück, nordische Falafel, Fish & Chips oder einfach ein Stück hausgemachten Kuchen: Im Museumscafé *Der Alte Mann* sitzt man immer schön am Wasser und genießt das Kieler Leben bei regionaler Küche und feinheimischen Werten. Und wer sich für die Geschichte der Hafenstadt interessiert, besucht vorher oder nachher das Kieler Schifffahrtsmuseum in der hübschen, denkmalgeschützten Fischhalle.

Sandhafen
Blücherbrücke
24105 Kiel
sandhafen.de

Der Alte Mann
Wall 65
24103 Kiel
T. 0431-90884208
deraltemann-kiel.de

Schiffe gucken
In Laboe

Wenn Förde und Horizont sich ausdehnen, ist man in Laboe [laˈbøː] angekommen. Die Lässigkeit am Strand geht über in eine kuriose Melange aus gediegenem Ostseebad mit urbanem Flair. Bunte Graffiti hauchen den Mauern der maroden Meerwasserschwimmhalle Leben ein. Irgendwie bizarr mutet das Mahnmal aus Klinkersteinen an, das in einer überdimensionierten Form an den Fuß einer Parkbank erinnert. Der Architekt Gustav Munzer, ein Schüler von Wilhelm Kreis, wollte mit dem Marine-Ehrenmal an eine gen Himmel steigende Flamme erinnern. Ein expressionistischer Turm, der seit den 90er Jahren an die auf See Gebliebenen aller Nationen gedenkt. Für eine friedliche Seefahrt auf freien Meeren soll er nun stehen.

Auf dem Wasser eine Gruppe von Kitesurfern, die sich in der Lernphase befinden. Am Strand wartet ein leeres Windsurfboard samt Segel auf den Besitzer. Außer ein paar Enten und Kanadagänsen will gerade niemand schwimmen gehen. Jogger ziehen rasch vorbei, doch die meisten spazieren einfach nur die Wasserkante entlang, manchmal barfuß. Sie spielen mit den leise ausrollenden Wellen und schauen den dicken Pötten hinterher. Die in Kiel startenden Fähren ziehen gemächlich an Laboe vorbei und wecken Fernweh. In Finnland, Schweden und Litauen werden sie anlegen. Dann sind da noch die Kreuzfahrt- und Containerschiffe, Segler und Ausflugsboote – auf der Kieler Förde ist immer was los.

Was auch für Laboe gilt. Die 5.000-Einwohner-Stadt profitiert von der Nähe zu Kiel, das nur 19 Fahrkilometer entfernt ist. Immer wieder treffen Bootsausflügler am Fähranleger ein. Vor allem der Hafen wird vom prallen Leben dominiert, dem Kommen und Gehen der Boote und Menschen. Weiter nördlich die zum Wasser ausgerichteten Villen an der verkehrsberuhigten Strandstraße und

Eine zum Himmel steigende Flamme soll die expressionistische Architektur des Mahnmals für eine friedliche Seefahrt symbolisieren.

der gepflegte Stadtkern, die dem Ort etwas Gediegenes verleihen und seinen Ostseebad-Charakter herausstreichen.

Am Abend lockt der Sonnenuntergang die Leute noch einmal an den Strand. Auf der anderen Seite der Förde verabschiedet sich der Feuerball, man genießt das Spektakel im Sand, auf der Hafenmauer oder im Strandcafé sitzend. Ein Paar hockt bei abnehmenden Temperaturen gemütlich im Strandkorb mitsamt Decke und Thermoskanne. Es lohnt sich, an diesem Abend lange draußen zu bleiben, denn der Himmel bietet eine opulente Farbshow, bis er mit einem krönenden Lila-Blau das Zepter an die Nacht abgibt.

Besonderes & Schönes

Zwischen dem Marine-Ehrenmal und der Meeresbiologischen Station befindet sich der Naturerlebnisraum *Dünenlandschaft*. Über sandige Pfade gelangt man zu den typischen und neuartigen Pflanzen der Gegend und erfährt nebenher so einiges über die Entstehung des Lebensraums und seine Vogelwelt.

Wenn der Strand in die Stadt übergeht. Laboe speist, schnackt, spaziert an der Förde.

Am *Fährterminal* hat man diverse Möglichkeiten für Erkundungsfahrten an der Förde, hier geht es auf die andere Seite nach Strande oder zum Falckensteiner Strand sowie über diverse Stationen nach Kiel.

Naturerlebnisraum Dünenlandschaft Laboe
Professor-Munzer-Ring 1
24235 Laboe
laboe.de

Fährterminal
Laboer Brücke
24235 Laboe

Radfahren

Auch dafür eignen sich Förde und Hinterland bestens. Es ist möglich, an der Tourist Information in Laboe sein E-Bike aufzuladen. Eigentlich muss man nur parallel zum Wasser radeln, der nächste Strandort am Ausgang der Förde heißt Stein. Auf Steilklippen

folgen türkisfarbenes Wasser und ein Strandcafé in Schiffsform, der *Tatort Hawaii* (www.tatort-hawaii.de). Hier kann man das Stehpaddeln und Windsurfen lernen oder einfach bei einem Stück Apfelkuchen relaxen.
Ein paar Kilometer weiter dann Kalifornien, das in Brasilien übergeht. Der Legende nach fand ein Fischer ein Stück Holz im Sand und nagelte das Schild mit der Aufschrift „California" an seine Tür. Das stachelte wohl einen Kollegen an, der auf einen Holzscheit „Brasilien" schrieb. Die Namen blieben, und die Farben des Wassers begünstigen ein exotisches Feeling.

Tourist Information
Börn 2
24235 Laboe
T. 04343-427550
laboe.de

Schlemmen & shoppen

Tagsüber oder abends im Hafen von Laboe zu speisen, das hat Flair. Etwa in der *Fischküche*. Hier ist der Name Programm, man schaut auf die Yachten und Segelboote, die sich im Hafenwasser wiegen, und probiert Miesmuscheln, klare Laboer Fischsuppe oder Scholle. Zum Mitnehmen stehen frisch gebackene Brötchen mit Fischfrikadellen, Matjes und vielem mehr zur Auswahl sowie auch Feinkost wie Nordseekrabben für zu Hause. Die roten Becher des Restaurants, Stoffbeutel oder Küchenschürzen stehen als Souvenirs zur Wahl. Und natürlich *Brackwasser*, der hauseigene Kräuterlikör.

Fischküche
Hafenplatz 1
24235 Laboe
T. 04343-429799
fischkueche-laboe.de

Kunst auf dem Stromkasten: Schwäne gehören zum Bild der Stadt, schon seit langem.

In aller Seelenruhe Selenter See

Ein Hahn kräht, als wir *Grabensee* erreichen: Willkommen auf dem Land. Auf der Wiese hocken eine überdimensionierte Katze und eine Riesenschildkröte. Steinerne Skulpturen. Sonntagsruhe. Man möchte der Schildkröte den moosigen Panzer tätscheln, aufmunternd. Der Selenter See ist zum Greifen nah, nur hört man ihn kaum.

Je näher man dem Wasser kommt, desto mehr Platz verschafft sich die Sonne am Himmel, desto stärker prägt das Geschrei der Möwen den Soundtrack des Sees. Auf den Überresten eines Stegs hocken sie zahlreich und reden, rufen, lamentieren. Der kleine Strand von Grabensee besteht aus etwas Sand gerahmt von Gras, Schilf und einem Steg. Fast hat man den Eindruck, auf einem Privatgelände unterwegs zu sein, so familiär wirkt Grabensee in Martensrade. Segelboote und Surfer? Fehlanzeige. Nur am Steg liegen ein paar Boote vertäut.

Verlockend und glasklar das Wasser. Doch keine Spur von Karpfen, Schleien, Hechten oder Silbermaränen, die sich im Selenter See tummeln sollen. Dabei lässt der See tief blicken, bis auf den sandigen Boden, ein paar Steine und Pflanzen kann man hier

Auf den Stühlen des Badehauses von Selent schaut man am liebsten auf den See.

Ein beliebter Treffpunkt für Möwen sind die Überreste eines Bootsstegs am Selenter See.

sehen. Es liegt eine Ruhe über dem Ort, über dem See, über dem dichten Grün des Erlenbruchwaldes, der bis ans Ufer wächst, und dem rahmenden Röhricht.

Am Ende des Badesstegs unterhalten sich zwei Paare, die gerade aus dem Wasser gestiegen sind. In dicke Handtücher kuscheln sie sich, bevor sie die warme Kleidung überstreifen. Frisch sei das Wasser, bestätigen sie uns Neuankömmlingen. Aber niemand hier bereut es. Mit strahlenden Augen sitzen sie auf der breiten Holzbank und schauen noch eine Weile auf den See. Lassen das gerade Erlebte nachwirken, saugen die besondere Stimmung auf. Taucht man eine Hand ins Wasser und bewegt sie hin und her, fühlt sich das weich an, fast wie eine Liebkosung.

Wolken türmen sich am Himmel, und der See hat längst sein Gesicht geändert. Grün wie der Auwald ringsherum leuchtet er. Und strahlt etwas aus, das sich nur schwer beschreiben lässt. Die Ausformung der teilweise bis zu 35 Meter tiefen Mulde geht auf das Design der Weichseleiszeit zurück, auf den Schub gigantischer

Grabensee
Grabenseer Weg
24238 Martensrade

Überall sind lauschige Ecken zu finden. Nichts ist perfekt, stattdessen Spuren von Leben und Vintage-Charme.

Eismassen vor rund 15.000 Jahren. Heute misst der Selenter See fast 22 Quadratkilometer. An Tagen wie diesen gefüllt mit behäbiger Ruhe. Ein Stillgewässer nennt er sich, ohne Fließgeschwindigkeiten. Doch verfügt er über kleinere Zuläufe aus Bächen und über zwei Abläufe.

In aller Seelenruhe, denkt man irgendwie. Und ja, in der Seele steckt tatsächlich See, das ist kein Zufall. Der Wortherleitung aus dem Altgermanischen folgt die Hypothese, es habe mit der damaligen Überzeugung zu tun, dass die Seelen vor der Geburt und nach dem Tod in Seen lebten. Jedenfalls scheint ein See allein durch seine Ruhe, Kraft und Tiefe etwas Seelenhaftes auszustrahlen.

Ein Stück weiter stecken Blesshühner ihre Köpfe ins Wasser, das Schilf wiegt sich leicht im Windhauch, eine Entenfamilie schaukelt über flache Wellen. Der See ist präsent. Seine Aura, seine Tiefgründigkeit, seine Schönheit. Eine wassergefüllte Erdnarbe, ein uraltes Wesen. Stiller als das Meer, tief und eigentümlich.

Besonderes & Schönes

Der fischreiche Selenter See ist der zweitgrößte Schleswig-Holsteins. Er liegt zwischen Kiel und Hohwacht – nur wenige Kilometer von der Ostsee entfernt. Neben Grabensee sind weitere Badestellen rund um den See zu finden: Bei Bellin existiert ein Hundestrand, Pülsen bietet sich für Familien mit kleineren Kindern an, während Moltörp bei Surfern beliebt ist. Der nördliche Teil des Sees ist als Naturschutzgebiet ausgewiesen und für den Bootsverkehr komplett gesperrt.

Einen Sprung ins Mittelalter wagen, das kann man in der rekonstruierten *Turmhügelburg Lütjenburg*. Vorbilder für die Anlage fanden sich in der Umgebung, etwa beim Glockenstapel von Norderbrarup. Von April bis Oktober ist alles geöffnet, das Außengelände kann auch außerhalb der Öffnungszeiten besucht werden. In der Adventszeit findet ein Handwerkermarkt auf dem Burggelände statt.

Turmhügelburg Lütjenburg
Nienthal 10
24321 Lütjenburg
T. 0157-35480064
(Führungen)
turmhuegelburg.de

Das Wasser des Sees wirkt weich unter den Fingern und lädt zu einem Bad am Morgen ein.

Schlemmen & shoppen

Geht man zurück über den Grabenseer Weg, biegt dann in den Selenter Weg und Fellhusenredder ein, trifft man auf das pralle Leben am *Badehaus* am Selenter See. Im Café schläft ein Hund in einer Ecke, ausrangierte Kinostühle schmücken den Raum. Es riecht nach frischen Waffeln und Piadina, dem italienischen Fladenbrot. Draußen sitzt man auf bunten Stühlen, Blickrichtung Wasser. Einige sind mit dem Rad, andere wandernd am *Badehaus* angekommen.

In Selent findet an den Wochenenden immer ein *Flohmarkt* in der Halle statt. Teller, Kannen, Bücher, Teddybären, alte Schwarzweißfotografien. Jede Menge Nippes. Zum Markt gehört ein Café, das sein Angebot Woche um Woche variiert. Mal Trümmertorte mit Pflaumen, mal Holsteiner Apfelkuchen, mal Belgische Waffeln. Doch mindestens vier Torten stehen stets zur Auswahl.

Von April bis Oktober ist die *Kräuter- und Staudengärtnerei Moos* in Fargau geöffnet. Mit den über 900 Pflanzen aus eigener Produktion hat man sich auf Kräuter, Bienenweiden, heimische Wildpflanzen und Stauden spezialisiert. Dabei wird Wert auf nachhaltiges Heranziehen gelegt – ohne Torf. Man setzt auf biologischen Pflanzenschutz durch Nützlinge sowie auf organischen Dünger.

Badehaus
Fellhusen / Strand
24238 Selent
badehaus-
cafekucheso.business.site

Flohmarkthalle Selent
Plöner Str. 17
24238 Selent
T. 04384-5936188
flohmarkthalle-
selent.business.site

Kräuter- und Staudengärtnerei
Frederik Moos
Knüll 13
24256 Fargau
T. 0151-19304304
gaertnerei-moos.de

Über einen Waldweg zu erreichen ist das Badehaus in Fellhusen, ein beliebter Treffpunkt am See.

Bäume, die aus dem Wasser wachsen
Prinzeninsel, Plöner See

Von der Geschichte des Ortes ahnt noch nichts, wer ab dem Parkplatz der Prinzeninsel munter drauflos spaziert. Es knackt und knarzt, ruft und rauscht im Wald. Zunächst geht es in den Erlenbruch. Flirrendes Grün. Vogelrufe. Enten sind auf einem Rinnsal im Feuchtgebiet unterwegs. Es ist das letzte Stück eines Naturerlebnispfads, der von Plön bis zur Spitze der Prinzeninsel führt. Nach und nach erfährt man etwas über die Flora, Fauna und Geschichte des Ortes.

Gleich hinter dem Willkommensschild der Prinzeninsel teilt sich die Strecke. Ein schmaler Weg führt am Ufer des Sees entlang, der andere ist breiter und führt durch die Mitte. Vor umfallenden Bäumen und hinabstürzenden Ästen, vor allem bei Sturm, wird gewarnt. Egal, wo man entlangläuft, manchmal sind Stimmen parallel gehender Leute aus dem Dickicht zu vernehmen. Dann klingen sie ob der Stille ringsherum so nah, als würden sie direkt hinter einem gehen.

Der Strand ist erreicht. Tatsächlich schwammen einst die Prinzen aus dem Hause Hohenzollern hier, und in ihrer Freizeit widmeten sie sich der Landwirtschaft auf der Halbinsel. Nachdem Kaiser Wilhelm II. die Halbinsel 1910 erworben hatte, befindet sie sich auch heute noch im Besitz der Nachfahren.

Am länglichen, leicht halbmondförmigen Beach ragen Zürzelbaum, Weide, Espe, Erle und Birke in die Höhe. Einige reichen fast bis ans Wasser, wo sie an heißen Sommertagen begehrten Schatten spenden. Der See gibt sich leicht aufgewühlt, doch bei dem flach abfallenden Wasser, bleiben die Wellen leicht und schwungvoll, untermalt ihr Plätschern die sanften Geräusche des Walds in einer Sinfonie der Natur. Ein wenig Zeit sollte man den Schaukeln widmen. Es gibt kaum etwas Besseres an einem Strand, als in den Himmel zu schaukeln. Dann ist noch Zeit, sich dem Ufer zu

Wo einst die Prinzen im See schwammen, spaziert man heute gemütlich durch den Wald. Baden ist natürlich auch möglich.

widmen, den Picknickplatz zu entdecken und nach Flussmuscheln und Tellerschnecken im Spülsaum Ausschau zu halten.

Auf der Höhe der Badestelle misst die Prinzeninsel stellenweise nur 30 Meter in der Breite. An dieser Taille kann man von der wilden zur stillen Seite des Plöner Sees wechseln. Der mittlere Pfad führt zum Niedersächsischen Bauernhaus, einem reetgedeckten Fachwerkbau aus dem 18. Jahrhundert. Zeit für eine Pause. Der Holsteiner Kartoffelauflauf nebst Apfelsaftschorle mundet vorzüglich. Vom nahen Bootssteg erreicht eine Gruppe von Ausflüglern das Lokal, wo das Plöner Schloss in der Ferne zu sehen ist,

Die Spitze der Insel galt als Lieblingsplatz der Kaiserin, wenn diese ihre Söhne hier besuchte. Efeu wuchert über die Bäume, eine ansehnliche Maus huscht über den Gehweg. Ein Segler zieht an der Inselspitze vorbei, die auch der Lieblingsort eines kleinen Hundes zu sein scheint. Voller Freude stampft er rhythmisch im seichten Wasser und schafft es, gleichzeitig davon zu trinken. Steine zieren die Uferzone, das Wasser so glasklar wie am Anleger. Sämtliche Landflecken ringsherum wirken wie Bäume, die aus Wasser wachsen. Inselchen, Uferzonen, alles beherrscht vom Wald. Der

größte See Schleswig-Holsteins ist teilweise bis zu 56 Meter tief. Ein herzliches Danke an die letzte Eiszeit, denn er entstand aus der nachfolgenden Vergletscherung. Zurück zum Erlenbruch geht es vorbei an Baumwurzeln, die wie gigantische Reptilienfüße in den Boden greifen. Ein Farbklecks in Form eines ruhenden Falters auf dem Weg.

Besonderes & Schönes

Über sechs Kilometer führt der Naturerlebnispfad meist durch Wald und am Wasser entlang von Plön bis zur Prinzeninsel. Startpunkt ist an der Bahnhofstraße unweit der Tourist Info. Da bietet es sich an, einmal auf den Schlossberg zu gehen und die Aussicht auf den See zu genießen. Bei der Spitze der Prinzeninsel ist die Hälfte des Rundweges erreicht. Man kann allerdings auch ein Schiff von hier zurück nach Plön nehmen, da der Anleger auf der Prinzeninsel Teil der Großen Plöner Seerundfahrt ist.

Manche Pfade sind schmal, und das Konzert der Vögel wirkt lauter. Als wäre man weit ab von der Zivilisation.

Auch zum Radfahren eignet sich das Land der Seen sehr gut. Wer will, geht die große Tour um den Plöner See an – 37 abwechslungsreiche Kilometer durchs Grüne, am Ufer entlang, zu Badestellen, Dörfern, Kirchlein und Katen. Auch hier kann man sich zwischendurch umentscheiden und aufs Schiff wechseln.
(www.holsteinischeschweiz.de/tour/ploener-see-tour)

Naturpark Holsteinische Schweiz e.V.
24306 Plön
T. 04522-509525
naturpark-holsteinische-schweiz.de

Plöner Motorschifffahrt
Fegetasche / Strandweg
24306 Plön
T. 04522-6766
grosseploenersee-rundfahrt.de

Schlemmen & shoppen

Das Restaurant & Café im restaurierten *Bauernhaus* auf der Prinzeninsel hat sich auf Holsteiner Gerichte spezialisiert, die zugleich mit dem europäischen Erfahrungsschatz des Küchenchefs Lars Gottwalt verschmelzen. Die Zutaten, wie etwa für die bereits erwähnte Holsteiner Kartoffelsuppe, stammen überwiegend aus der Region. Je nach Jahreszeit können Spargel, Pfifferlinge oder

Am Anleger der Prinzeninsel besteht die Möglichkeit, aufs Schiff umzusteigen und eine Runde über den Plöner See zu drehen, statt zu Fuß zurückzulaufen.

Grünkohl auf der Karte stehen. Und wer nur zum Kaffee kommt, kann sich mit Blechkuchen oder Cheesecake verwöhnen lassen.

Der einstige Lieblingsplatz der Kaiserin lag hier, an der Spitze der Prinzeninsel.

Ebenso wie das Bauernhaus auf der Prinzeninsel für ein Stück Kulturgeschichte steht, legt auch die *Alte Schwimmhalle* am Plöner Schloss mit ihren Jugendstilelementen Zeugnis einer anderen Zeit ab. Sie wurde 1909 als Schwimmbad für die preußische Kadettenanstalt errichtet. Bis 1994 wurde sie als Schwimmhalle genutzt. Heute ist sie Veranstaltungsort des Kulturforums und ein Restaurant mit großer Sonnenterrasse. Holsteiner Sauerfleisch kommt ebenso auf den Teller wie gefüllte Kartoffelklöße mit Maronensoße.

Restaurant & Café im Bauernhaus
Große Insel 1
24306 Plön
T. 04522-508700
prinzeninsel.de

Restaurant Alte Schwimmhalle am Schloss
Schloßgebiet 1a
24306 Plön
T. 04522-593630
restaurantalte-schwimmhalle.de

Das etwas andere Dorf
Gut Panker in Ostholstein

Ein Huhn hastet um die Ecke. Das pralle Landleben auf Gut Panker? Sagen wir, in einer besonderen Variante. Die Hühner leben ganz ungezwungen auf aristokratischem Terrain. Es gibt eine Moorlinse in der Nähe von Lütjenburg, deren Feuchtigkeit den Boden kühlt. Und genau hier befindet sich die Gutsanlage, die zu einer Art Dorf geworden ist: 80 Einwohner, 30 Trakehner, diverse Hühner und manchmal Wildgänse.

Seit dem 18. Jahrhundert wähnen sich die Landgrafen von Hessen im Besitz von Grund und Boden. Heute schwört man auf eine Gutsgemeinschaft, und durch die ehemaligen Wirtschafts- und Wohngebäude weht ein kreativer Wind. Über die Jahre sind hier Galerien für Kunst, Mode, Kunsthandwerk und Wohndesign entstanden. Das Dorf wirkt wie aus dem Ei gepellt, diese Art von Läden sind sonst eher in Städten zu finden. Und das Fell der Trakehner glänzt wie Speck in der Sonne.

Rundherum die Schönheit der ostholsteinischen Schweiz, die Ruhe des Landlebens, das Vogelgezwitscher. Wer hierher kommt,

Ein kreativer Wind weht in den ehemaligen Wirtschafts- und Wohngebäuden des Gutes.

Im hübschen Dorf startend, bieten sich Touren zu Fuß oder mit dem Rad in die umliegende Natur an.

sucht die Natur. Die Ruhe und Einfachheit. Viele Gäste des gutseigenen Hotels & Restaurants *Ole Liese* bleiben zwei Wochen und gehen jeden Tag stundenlang wandern. Ostholstein ist so sanft gewellt, dass es fast an die Toskana erinnert – hätten die Bäume statt der runden Form nur die Figur von Pinien und Zypressen.
Die gesamte Gutsanlage steht unter Ensembleschutz. Da die Fundamente der alten Schule weggesackt waren, hat Familie von Hessen sie an der gleichen Stelle wieder aufbauen lassen – als eben jene *Ole Liese*. Die Zimmer und Suiten strahlen frischen Landhaus-Charme aus. Mit viel Vichy-Karo, Harmonie in Weiß und Blau oder Rot. Jutta Tegen vom *Panker Design Atelier* hat die Hotelbetten entworfen. Wer mag, kann sich sein eigenes dort anfertigen lassen.
Und wenn der Magen knurrt, kann man sich nach einem ausgedehnten Wandertag auf das Dinner in der *Ole Liese* freuen. Bei Sommerwetter auf der Terrasse des Restaurants sitzen und den Schwalben zusehen. Sich zwischen hohen Kastanien, Ahorn,

Wer sich eine Weile auf Gut Panker beherbergen lässt, spürt die Ruhe und den Frieden des Ortes.

Linden und Eichen geborgen fühlen. Auf der Karte stehen hausgemachte Ravioli, Fischsüppchen und gebratener Steinköhler (Fisch aus der Familie der Dorsche). Zum Dessert vielleicht eine Holunderblütencreme. Die meisten Produkte kommen aus der Region, die Kräuter und manches Gemüse aus dem eigenen Garten. Und dann wäre da noch das *Restaurant 1797*. Volker Fuhrwerk und sein Team kreieren Genüsse mit Michelinstern. Gebeizte Makrele oder glasierte Kalbsbäckchen? Beide Restaurants bedienen sich aus dem Küchengarten, der von den Köchen der *Ole Liese* bewirtschaftet wird.

Es dämmert schon, ein Hahn kräht, und in der Ferne bellt ein Hund. Die Geräusche des Landes wissen vom Glamour nichts. Man müsste einfach mal der Nacht lauschen, eine ganze Nacht lang. Doch dafür schläft es sich zu gut in der Idylle. Beschwerden wegen Ruhestörung gab es trotzdem schon. Wenn die Wildgänse landen. Mitten im Dorf auf der Wiese. Luxus, denkt man da. Wahrer Luxus.

Gut Panker
24321 Panker
T. 04381-90690
ole-liese.de
gutpanker.de

Besonderes & Schönes

Die Anfahrt erfolgt über die B 503 zwischen Lütjenburg und Schönberg. Man kann auf Gut Panker übernachten, speisen, bummeln und shoppen. Interessierte führt Daniela Schoel über die Anlage (T. 0171-7089868).

Wandern & Radfahren

Die sogenannte Holsteinische Schweiz, das sanfte Hügelland Holsteins, hat sich während der Weichsel-Kaltzeit geformt. Es ist reich an Seen und Wäldern, die sich mit Ackerland abwechseln. Adlige Güter wie Panker, Testorf und Rantzau prägen die Gegend. Rund um Panker finden sich Wanderwege, einer davon führt zu einer der höchsten Erhebungen Schleswig-Holsteins, dem Pilsberg. Auf 128 Metern ragt ein neugotischer Turm in die Höhe, fast geisterhaft. Die schmalen Stufen einer Wendeltreppe führen hinauf in das dunkle Gemäuer aus dem 19. Jahrhundert, dessen bleiverglaste Scheiben eine kuriose Atmosphäre im Innern schaffen. Von oben kann man bei klarer Sicht sogar die dänischen Inseln erkennen. Gleich neben dem Turm kann man sich im Restaurant *Forsthaus Hessenstein* (forsthaus-hessenstein.com) stärken. Es gehört ebenfalls zu Gut Panker, ist im ländlichen Stil gehalten und bietet eine ebensolche Küche mit regionalem Einschlag, etwa Schaumsuppe von Muskatkürbis und Steinpilzen.

Wer lieber per Rad die Gegend erkunden will, kann sich bei der *Ole Liese* nachhaltige Bambusfahrräder vom Kieler Hersteller my Boo ausleihen. Auch zur Ostsee ist es nicht weit zu radeln, etwa neuneinhalb Kilometer zum Hohenfelder Strand, acht Kilometer nach Hohwacht oder elf Kilometer zum Sehlendorfer Strand.

Im Restaurant *Ole Liese* kann man sich mit leckeren Dingen wie hausgemachten Ravioli, gebratenem Steinköhler und Holunderblütencreme verwöhnen lassen.

Gänse am Graswarder
In Heiligenhafen

Man wandelt über Bretter, die aufs Meer hinausführen. Steinwarder, die Landzunge von Heiligenhafen macht auf mondän. 2012 wurde die schicke Seebrücke eingeweiht, doch sie ist nicht einfach eine Promenade übers Wasser. Sie ist Spielplatz, Treffpunkt, Raum zum Chillen und Schnacken. Dementsprechend sind alle Bänke und Liegen belegt. Türkisgrün bis blau das Wasser. Verwoben die Töne, marmoriert wie ein Edelstein. Auf der Brücke kann man ewig liegen oder sitzen. Bis zum Horizont, bis zur Fehmarnsundbrücke schauen und Pläne machen. Oder lieber das Wasser testen, das sich so verlockend ein paar Meter unter den Füßen ausbreitet. Schwimmen!

Das Meer, so zurückhaltend und gefällig, wie es nur die Ostsee an Tagen wie diesen kann. Gut situierte Pärchen und junge Familien lümmeln sich in Sitzsäcken auf den Veranden oder an der Beachbar direkt im Sand.

Abseits vom Getümmel lockt der Graswarder. Wie zerfranstes Land, das sich vom Steinwarder in Richtung Fehmarn zieht. Der Strand, ein Kontinuum von der Urlauberzone bis ins Naturschutzgebiet. Die Häuser mit den bunten Fassaden, tausendfach foto-

Graugänse zählen zum Bild des Naturschutzgebietes am Graswarder, ebenso wie weitere 40 Brutvogelarten.

Die wohl am meisten fotografierte Häuserreihe der Region: Wie sich das Leben so nah an der Wasserkante wohl ausnimmt?

grafiert. Ein Sehnsuchtsort, denn wer möchte nicht so nah am Wasser leben? Zudem geht es um eine in Schleswig-Holstein einmalige Lage. Tür an Tür mit dem Meer, nasse Füße inklusive. Denn die Ostsee kann auch anders.

Es war vor allem das Sturmhochwasser von 1872, das heftig an der Küste gewütet hat. Doch es passiert immer wieder, zuletzt ließ Sturmtief „Benjamin" Anfang 2019 die Pegelstände anschwellen. Das Hochwasser nagte an der Düne, an den Fundamenten der Strandvillen und stieg in die Keller. Die anfangs nur als Sommerresidenzen geplanten Häuser trotzen den Unwettern seit über 100 Jahren. Wer hier wohnt, muss die finanziellen Mittel zur häufigen Restaurierung mitbringen.

Der Graswarder, ein Naturschutzgebiet über zweieinhalb Kilometer, ist eigentlich ein Nehrungshaken, der nach Osten wandert. Mit jedem Schritt spürt man die Ruhe deutlicher, entdeckt vielleicht zum ersten Mal im Leben Kanadagänse, die mithilfe der Schilder zu identifizieren sind. Alte Bekannte wie Graureiher und Graugänse lassen sich ebenfalls blicken. Etwa 40 Brutvogelarten zählen sie am Graswarder. Zur Linken der Strand mit seinen

Was für Farben! An manchen Tagen will die Ostsee es den changierenden Blaugrüntönen der Karibik nachtun.

Häusern, zur Rechten ein Gebiet aus Salzwiesen und Wasserflächen. Dahinter ab und an ein in den Hafen einfahrendes Boot. So wird der Graswarder vom Wasser flankiert, ein gewisses Inselgefühl macht sich breit. Kaum Autoverkehr, nur die Bewohner der 15 denkmalgeschützten Häuser dürfen hier fahren, ganz langsam. Noch in den touristischen Anfangsjahren war der Graswarder genau das: eine Insel, nur durch einen Steg mit dem Festland verbunden. Heute werden keine Baugenehmigungen mehr erteilt. Lediglich für den Vogelbeobachtungsturm des NABU wurde eine

Ausnahme gemacht. Eine architektonische Glanzleistung von gmp übrigens, die mit der Umgebung harmoniert, sich zurücknimmt und gleichzeitig als twistende Holzskulptur raumdefinierend wirkt.

Abends am Steinwarder heißt es dann wieder: Einfach in den Sand setzen, Smalltalk mit den Nachbarn halten oder dem Klatschen des Wassers lauschen. Den Wolken zuschauen, die am Himmel segeln. Dem Licht, das sich ständig ändert. Dem Farbenspiel des Meeres. Als gäbe es nichts anderes.

Abends am Yachthafen: Im Wasser schaukeln die Boote, dahinter ragt die Stadtkirche empor, die auf das 13. Jahrhundert zurückgeht.

Besonderes & Schönes

Heiligenhafen mit seiner hübschen kleinen Altstadt hat sich in den letzten Jahrzehnten zum angesagten Urlaubsort in Ostholsein gemausert, der anderen Badeorten als Vorbild diente. Eine neu designte Marina, stylische Hotels und Ferienwohnungen im Dünenpark, der mit Boule- und Volleyballplatz, Skateplatz und Raum für Veranstaltungen ausgestattet ist. Eine neue Aussichtsplattform bei der Marina soll das Ganze nun noch abrunden.

Radfahren

Heiligenhafen profitiert von der Nähe zu Fehmarn und einem Hinterland, das über genügend Radwege verfügt, um die Nachbargemeinden, andere Strände und Steilküsten zu erkunden. Touren zur Rapsblüte und durch die Feldmark bis nach Großenbrode bieten sich an. Dabei könnte man der 700 Jahre alten Kirche St. Katharinen einen Besuch abstatten, einem Fels- und Backsteinbau mit Holzturm. Auch Strecken mit Guide könnten interessant sein, der sein Insiderwissen vermittelt.

Tourismus-Service Heiligenhafen
Bergstraße 43
23774 Heiligenhafen
T. 04362-90720
heiligenhafen-touristik.de

Schlemmen & shoppen

Das *Holyharbour Café & Grill* unweit der Seebrücke steht für das flotte, neue Heiligenhafen am Steinwarder. Inmitten eines Mixes aus Erdtönen und hellen Akzenten im Innern oder draußen auf der Holzterrasse kann man frische Waffeln oder Milchreis genießen, hausgemachten Kuchen sowie Eissorten aus der Berliner Eismanufaktur *Eis Engelchen*. Es gibt eine kleine Mittagskarte mit Pizza und Quesadillas sowie eine Abendkarte mit Tapas, veganen Gnocchi, Fisch- und Fleischgerichten. Und dann die Eispralinen zum Dessert!

Ebenfalls am Ostseestrand, wenn auch zehn Kilometer von Heiligenhafen entfernt, liegt das *Spinnaker* in Sütel. Daher wäre es bestens mit einer kleinen Radtour zu verbinden. Da gilt es nur noch zu entscheiden, ob es ein Ausflug mit Kaffee und Kuchen oder mit mehr Kulinarik wird. Im *Spinnaker* legt man Wert auf Saisonales und Regionales. Man könnte mit einem Süteler Tomaten-Cappuccino starten und dann den Ostseedorsch probieren.

Noch ein Stückchen weiter nördlich ist der *Demeterhof Fargemiel* bei Heringsdorf zu finden. Die Hofgemeinschaft von zwei Familien unterhält einen Hofladen mit eigenen Produkten und einer zusätzlichen Auswahl an Naturkost. In Fargemiel setzt man auf biologisch- dynamischen Gartenbau und hält neben Pony, Esel, Hund und Katzen auch Hühner.

Holyharbour Café & Grill
Seebrückenpromenade 3
23774 Heiligenhafen
T. 04362-5003130
beachmotel-hhf.de

Restaurant Spinnaker
Sütel-Strand
23779 Neukirchen
T. 04365-978678
suetel.de

Hofgemeinschaft Fargemiel
Siggener Weg 2
23777 Fargemiel/ Heringsdorf
T. 04365-97963991
fargemiel.org

Reife Hagebutten: Die Zeit der Ernte fällt in den September.

Am Südstrand
Fehmarnsche Visionen

Ein Abendspaziergang am Südstrand der Insel. Verflogen der Duft von Sonnencreme, verhallt die Rufe spielender Kinder.

Es knistert im Strandhafer. Gegen Abend kommen die Spatzen und picken in die vollen Ähren. Manchmal hängt einer gar kopfüber an einem Halm. Im Strandkorb die letzten Sonnenstrahlen. Wie einer energetischen Bewegung folgend leert sich der Strand. Verflogen der Geruch von Sonnencreme, verstummt das Rauschen der Gespräche. Langsam werden die Bewegungen, als wolle man den Tag festhalten, jenes Glück am Meer zu sein. Seinen Duft im Haar, das Salz auf den Lippen, bevor man es abduscht.

Bei einem späten Spaziergang fällt der Blick auf die ungewöhnlichen Architekturen, die den Strand säumen. Mit der schräg zulaufenden Struktur der in den 70er Jahren fertiggestellten

Schwimmhalle will man die Jahreszeiten auf der Insel austricksen und ganzjähriges Schwimmen ermöglichen. Verantwortlich zeichnen die dänischen Architekten Arne Jacobsen und Otto Weitling. Design am Ostseezipfel Schleswig-Holsteins, Design, das in die Jahre gekommen ist. Design, das selten gewürdigt wird. Die Wände aufgelöst, fast skulptural wirkt die Konstruktion aus Glas, Betonstreben und Schrägdach. Skelettartig. Roh. Bizarr.
In den 60er Jahren ist ein Ferienzentrum am Südstrand entstanden, mit dominanten Hochhäusern, einem flachen und inzwischen baufälligen Haus des Kurgastes und eben jene zeltartige Schwimmhalle. Der Mut zur Form war da. Allein der Gesamteindruck ist verzerrt, das muss Jacobsen und Weitling aufgestoßen sein, war den Architekten doch an menschlichen Dimensionen gelegen.
Zunächst nimmt man die kantigen Linien des Höhenrausches wahr, erschrickt vielleicht beim Anblick der sogenannten IFA-Türme am Strand. Die Eleganz bemerkt man auf den zweiten Blick. Die Linienführung, klar und schnurgerade. Nichts Verspieltes, Organisches, Ungefähres haftet ihnen an, nirgendwo bleibt der Blick hängen. Er prallt ab, doch Ignorieren geht nicht, dazu sprengen die Hochhäuser zu sehr die Dimensionen. Was für ein Kontrast zur Natur, zum Meer.

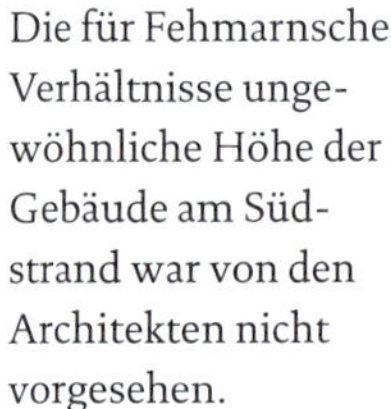

Die für Fehmarnsche Verhältnisse ungewöhnliche Höhe der Gebäude am Südstrand war von den Architekten nicht vorgesehen.

Zur Ehrenrettung der Architekten sei gesagt, dass die für Fehmarnsche Verhältnisse abnorme Höhe nie Teil ihres Plans war. Allein die Bauherren wollten von maximal vier geplanten auf die heutigen 17 Etagen der drei Bauten aufstocken. Seit 2016 stehen alle genannten Gebäude auf der Liste der Kulturdenkmäler.

Zum Sonnenuntergang sitzen manche auf den dicken, noch sonnenwarmen Steinen der Böschung oder lassen sich auf einem der ins Wasser ragenden Stege nieder. Am westlichsten Zipfel des Südstrands ziehen die letzten Segler vorbei, um in den Yachthafen Burgtiefe einzufahren.

Ein Schild gedenkt dem Expressionisten Ernst Ludwig Kirchner, der die Boote und Buchten, das Meer und die Menschen von Fehmarn zu Beginn des letzten Jahrhunderts malte. Der seine Sommer auf Fehmarn liebte und in eine Art Schaffensrausch verfiel. Der die Insel als das erlebte, was ihn glücklich machte. Ein Ort ländlicher Idylle. Kirchners Arkadien.

Ernst-Ludwig Kirchner Dokumentation
Bahnhofstraße 47
23769 Fehmarn
OT Burg
T. 04371-506144
kirchnerverein fehmarn.de

Besonderes & Schönes

Wer den Expressionismus mag, kann das Dokumentationszentrum des Ernst Ludwig Kirchner Vereins in Burg besuchen, wo alljährlich Ausstellungen stattfinden. Schön ist es auch, sich über ausgewiesene Wander- und Radwege auf den Spuren des Malers zu bewegen. Die entsprechende Karte wurde ebenfalls vom Verein erstellt und ist dort zu beziehen.

Radfahren

Weitere schöne Strecken wie etwa die Sundbrückentour oder der Weg durch das Wasservogelreservat im Westen der Insel sind über die Touristinfo zu finden. Fehmarn gilt als Radfahrerparadies mit 300 Kilometern ausgebauten Radwegen, diversen Themenrouten und 21 Ladestationen für Pedelecs.

Tourismus-Service Fehmarn
Zur Strandpromenade 4
23769 Fehmarn
OT Burgtiefe
T. 04371-506 300
fehmarn.de/sonneninsel/aktiv/routen

Steilküste

Romantiker und Naturliebhaber ziehen die Steilküste Katharinenhof dem Südstrand vor. Parkplätze für Autos sind rar gesät, doch Radfahrer und Spaziergänger können nicht klagen. Die Bäume wachsen fast bis ans Wasser, die Strandbuchten sind mal steinig, mal sandig, Felsbrocken und Baumstämme liegen malerisch in der Gegend. Wer mag, wandert am Strand entlang bis zum Leuchtturm Staberhuk, an dessen Fuße Kirchner einst wohnte.

Schlemmen & shoppen

Nur ein Katzensprung ist es bis zum *Allee-Café* in Katharinenhof. Bei gutem Wetter sitzen alle im Cafégarten und nicht wenige probieren die Spezialität des Hauses: Windbeutel in verschiedenen Variationen. Aber auch im Innern ist es hübsch, und der angeschlossene Hofladen bietet Handgetöpfertes.

Klares Wasser, flach abfallend und daher ideal für Kinderbeine.

Was wären die Nord- und Ostseeküste ohne ihr typisches Mobiliar, die Strandkörbe?

Unweit von der Steilküste lässt es sich auch im Hofcafé *Klausdorf* einkehren. Außer dem beliebten Frühstücksbuffet und kleinen Snacks trumpft Familie Lafrenz mit einer reichhaltigen Kuchen- und Tortenauswahl auf. Im Hofladen können Lebensmittel aus eigener Produktion wie Gemüse, Eier, Obst und Leckeres aus der Hofbackstube sowie Dinge von anderen Direktvermarktern erstanden werden. Auch Fehmarnscher Rapshonig ist im Angebot.

Das *Hofcafé* in der alten Scheune mit Sitzplätzen auch im Innenhof lockt nicht nur mit dem typischen Käsekuchen oder fehmarnschen Kröpel, frittiertem Hefegebäck. Was auf der Insel wächst, egal ob Sanddorn, Quitten oder Feigen, kommt je nach Saison in die köstlichen Torten. Im Hofladen nebenan findet man Handgemachtes und Hübsches fürs Heim. Außerdem wird in Albertsdorf täglich frisches Brot gebacken.

Allee-Café Katharinenhof
Haus Nr. 3
23769 Fehmarn
OT Katharinenhof
T. 04371-503838
alleecafe-katharinenhof.de

Hofcafé Klausdorf
Dorfstraße 30
23769 Fehmarn OT Klausdorf
T. 04371-879784
hofcafe-klausdorf.de

Hofcafé Albertsdorf
Albertsdorf 13
23769 Fehmarn
T. 04371-502524
hofcafe-albertsdorf.de

An der Kusshaltestelle
In Kellenhusen

Es gibt Orte, die erneuern sich, ohne etwas von ihrem Charme und der Gemütlichkeit einzubüßen. Den Blick ganz auf Mensch und Natur gerichtet. Einer davon ist Kellenhusen in der Lübecker Bucht. Das türkisfarbene, klare Wasser, der Sand, das Strandmobiliar und Architekturen, die sich einfach unterordnen. Ganz so, als sollte sich alles im Gleichgewicht bewegen, und nichts die gegebene Schönheit übertreffen.

Kellenhusens Geschichte als Ostseebad begann bereits 1872. Ein altes Foto im Foyer eines Hotels erzählt davon, eine Schwarzweißaufnahme aus vergangenen Zeiten, ein großes Familienbild am Strand. Dahinter ist sogar die Seebrücke in der damaligen Version zu erkennen. Man erfreute sich am Baden, in voller Montur natürlich. Ein weiteres Relikt aus dem Kellenhusen von einst ist das Reetdachhaus aus dem 18. Jahrhundert. Inmitten des Ortes wirkt es wie eine Kostbarkeit, ebenso bizarr wie wertvoll.

Daneben hat Kellenhusen es geschafft, sich neu zu erfinden. Den Strand und die Promenade fast wie eine Art Spielplatz für Er-

Man bleibt sich treu: Mit der Seebrücke ist es Kellenhusen gelungen, etwas Besonderes zu schaffen, ohne dick aufzutragen.

Der Charme dieses Küstenortes liegt in der gekonnten Kombination dörflicher Ruhe und behutsamer Erneuerung.

wachsene und Kinder zu gestalten. Etwa mit den wellenförmigen Raumtrennern, dem Wal oder dem gestrandeten Boot, das als Aussichtsplattform dient. In dem kleinen Ort an der Ostsee hat man einen Blick für die Details. Da ist der Seestern für die Liebesschlösser, ganz zu schweigen von der Kusshaltestelle direkt daneben. Natürlich darf auch andernorts geküsst werden, etwa auf der gut 300 Meter langen Seebrücke. Behutsam eingefügt, entwickelt sie ihre eigene Dynamik. Rund bis verspielt ihre Formensprache, gleichzeitig zurückhaltend. Mit ausreichend Platz an vielen Stellen, um sich niederzulassen und lange aufs Meer zu schauen. Kellenhusens Promenade, die übers Wasser führt. Hängematten inklusive. Und die Möglichkeit, gleich nach dem Schaukeln in die Ostsee zu steigen. Wer hier bei Sonnenuntergang liegt, den überkommt das Gefühl, in der Karibik gelandet zu sein. Es muss am Ton des Wassers liegen und am gemütlichen Tempo des Ortes. Und wer dem Strand einmal den Rücken kehrt, tut dies nur, weil er Waldbaden will.

Tourismus-Service
Ostseebad
Kellenhusen
Waldstraße 1
23746 Kellenhuse
T. 04364-49750
kellenhusen.de

Ein Seestern für die Liebesschlösser, eine Kusshaltestelle für die Verliebten. Das ist Kellenhusen.

Besonderes & Schönes

Ein Auto braucht man nicht. Vom Strand ist es ein Kilometer über die Waldstraße zu Fuß zu laufen, um das 600 Hektar große Mischwaldgebiet inklusive Wildtiergehege zu erreichen. Rehe, Wildschweine und Dachse sind zu beobachten. Wer will, nimmt an einer Fledermausführung teil oder lässt sich von einem Experten zum Shinrin-Yoku anleiten, dem Waldbaden. Selbst das Kräutersammeln will gelernt sein, und das geht in Kellenhusen.

Staunen, schlemmen & shoppen

Nahe bei Kellenhusen setzt *Hof Klostersee* seit den 80er Jahren auf biologisch-dynamische Landwirtschaft und führt einen umfangreichen Hofladen, der dem Sortiment eines Biomarkts in nichts nachsteht. Man betreibt eine eigene Backstube, eine Käserei sowie ein Café mit Sonnenterrasse. Neben Kaffee und Kuchen ist hier ausgiebiges Frühstücken möglich. Um die 60 Milchkühe bestimmen den Rhythmus der landwirtschaftlichen Arbeit auf dem Hof. Wer sich für ökologischen Landbau interessiert, kann gerne an einer Hofführung teilnehmen.

Noch keine sechs Kilometer von Kellenhusen entfernt kommen Liebhaber der Backsteinarchitektur auf ihre Kosten. Ein Benediktinerkloster aus dem 13. Jahrhundert bildet den Rahmen für besonderen Kaffeegenuss. Sämtliche Torten sind hausgemacht, dazu stehen herzhafte Kleinigkeiten, Suppen und Eintöpfe zur Wahl. Neben dem Café gilt der Schnitzaltar von 1300 aus einer Lübecker Werkstatt als größter Schatz der *Klosteranlage Cismar*, ein gotisches Meisterwerk.

Hof Klostersee
23743 Cismar
T. 04366-517
klostersee.org

Klostercafé Cismar
Bäderstraße 42 (im Klosterhof)
23743 Grömitz
T. 04366-888881
klostercafe-cismar.de

Wenn am Strand die Meereswellen zitiert werden, geht Blau in Blau über.

Die Lamas sind los
In Pelzerhaken

Wir treffen uns an einem Wintertag in Pelzerhaken. Ines Schneider, die Lamas Harry und Yalla und wir. Die Diplompädagogin und zertifizierte Lama-Therapeutin erklärt das Halten der Leine, dann geht es an den Strand. Harry bleibt des Öfteren stehen und führt dafür kulinarische Gründe an. Aber der Hauptgrund für seine Stopps ist anders gelagert. Harry summt leise und dreht sich um. „Wo bleibt der Rest der Herde?", fragen seine dunklen Augen.
Die Ohren sind aufgerichtet und einander zugewandt, als wollten sie sich zufunken. Man sagt, Harry habe schöne Ohren, perfekte

Meet the Lama: Strandspaziergänge in ungewöhnlicher Begleitung sind in Pelzerhaken möglich.

Lama-Lauscher. Immer wieder blickt er nach hinten und brummt, doch niemand antwortet ihm. Jungspund Yalla hingegen trabt munter voran. Von Anfang an stehen wir Lama-Wanderer im Mittelpunkt der Aufmerksamkeit. „Was machen denn die Lamas hier?", rufen Kinder immer wieder. Normalerweise lebt die Kamel-Verwandschaft ja in den Anden.

Ein Mädchen kommt herbeigelaufen, sie möchte die Lamas mal streicheln. Aber soweit sind wir nicht. Noch nicht. Natürlich sehen die Tiere extra flauschig aus und duften nach Wollpulli. Falls am Ende des Spaziergangs Kuscheln angesagt ist, könnte man das überprüfen.

Harry will erst mal ans Meer. Langsam wird ihm wohl klar, dass ein Ausflug an den Strand auch in abgespeckter Konstellation nett sein könnte. Nur scheint Yalla nicht gerade seine Lieblingskollegin zu sein. Mit ihren gespaltenen Hufen sinken die Lamas tiefer in den Sand als wir, auch sind sie schwerer, können bis zu 150 Kilogramm auf die Waage bringen.

Harry gönnt sich eine Kneipp-Kur und taucht die Hufe ins Wasser, biegt den eleganten Hals gen Meer und schnuppert. Aber so richtig

in Wanderlaune kommt er immer noch nicht. Yalla hingegen nutzt die Gunst der Stunde und fängt an zu hüpfen. Nun geht die Party los. Man muss nur schauen, dass man schnell genug ist. Bis zu 45 km/h schaffen Kleinkamele, da kommt kein Mensch mit. Zwar schöpft die junge Lama-Dame nicht ihr komplettes Repertoire aus, doch sie springt und läuft recht gerne. Am liebsten würde man die Lama-Dame ganz von der Leine befreien, doch Ines winkt ab. „Die Lamas rennen zwar nicht weg, aber sie würden sich in die Dünen verziehen." Und da man in Pelzerhaken über jedes Büschel Strandhafer froh ist, gelten die kleinen Dünenhügel als No-Go-Area – nicht nur für Kameliden.

Yalla tanzt Tango. Zumindest sieht es ein bisschen so aus, wenn sie ihre grazilen Bocksprünge und zackigen Drehungen macht. Ab und zu summt sie wie Harry. „Lamas kommunizieren auf diese Weise miteinander", erklärt Ines. „Yalla kann regelrecht singen." Allerdings kann der Ton auch mal etwas schärfer werden, wie wir kurz darauf feststellen.

Lama Harry scheint Sand zu mögen, vermisst aber den Rest der Herde.

Unsere vierbeinigen Kumpels haben Erhebungen am Strand ausgemacht, Sandberge! Nun fühlt man sich fast wie in den Anden. Sieht ein Lama einen Hügel, hat es nur noch ein Ziel: auf die Kuppe! Yalla steht mit Stolz geschwellter Brust oben und blickt auf das Terrain, als wolle sie sagen: „Alles meins – von Neustadt bis Rettin." Daher nimmt es nicht wunder, dass Harry da oben nicht gerne gesehen ist. Yalla warnt ihn akustisch und legt die Ohren nach hinten. Was das Spucken angeht, sind beide nicht gerade zimperlich. Kaum ist man oben, will die Karawane weiterziehen. Sprich: Yalla hat neue Pläne, neue Ziele vor den hübschen Augen. Und wer ist bergab schneller? Richtig, Miss Lama. Yalla, die zum ersten Mal am Beach ist, erklärt diesen Abschnitt zum Lama-Strand. Nur das Meer ist ihr nicht ganz geheuer.

Plötzlich stehen wir vor dieser Barriere aus Holz, wenig amüsiert die Partnerin in crime: „Eine Grenze? Was soll das?" Inzwischen schaut sie einen häufiger an. Wir haben uns ein bisschen aneinander gewöhnt.

Mit ihrer Neugierde ist Yalla Begegnungen jeglicher Art nicht abgeneigt, Hunde, Menschen, alles ist interessant. „Und wenn es Probleme gibt, regelt Harry das", meint Ines. Er ist das Herdenschutztier. Sogar gegen Wölfe könnten Lamas im Einsatz sein, etwa als Schutz einer Schafherde. Zu Konflikten mit Wanderern wie bei Herdenschutzhunden kommt es mit Lamas nicht.

Lama-Karawane
Ines Schneider
Buschkoppel 5a
23758 Kükelühn / Wangels
T. 0176-20010017
lama-karawane.de

Neustadt in Holstein wartet mit einer schönen Altstadt und maritimem Flair auf.

Als wir umkehren, hat Yalla sich ein bisschen ausgepowert. Man läuft einträchtig nebeneinander her, gemeinsames Toben schweißt zusammen.

Besonderes & Schönes

Yoga by the Sea
Vera Borsdorff
Treffpunkt: Strand Pelzerhaken, Höhe Strandkind
T. 0157-56206122
yogabythesea-vera.de

Bei gutem Wetter im Juli und August macht Yoga am Strand doppelt Spaß. Man atmet die Meeresluft, dehnt und streckt sich zum Plätschern der Wellen. Darüber hinaus bietet Vera Borsdorff von *Yoga by the Sea* auch Online-Kurse und die Möglichkeit zur Teilnahme an einem Yogakurs im Hatha/Vinyasa-Stil beim TSV Neustadt an.

In der Lübecker Bucht existiert eine Fischbrötchenstraße, die von Scharbeutz über Haffkrug, Sierksdorf und Neustadt bis nach Pelzerhaken führt. Immer schön die Küste entlang über Strandallee, Bäderstraße etc. Sämtliche Quellen, Buden und Lokale sind verzeichnet, und mit dem Rad sind die Orte am besten zu erreichen. (www.luebecker-bucht-ostsee.de/fischbroetchenstrasse)

Staunen, schlemmen & shoppen

Neustadt in Holstein sieht man seine Vergangenheit noch an, die bis ins Mittelalter zurückreicht, einige Gebäude legen Zeugnis davon ab. Als da wären das Kremper Tor am Haakengraben, als einziges erhaltenes Tor der mittelalterlichen Befestigungsanlage. Oder einige der hübschen Wohn- und Werkstatthäuser am Grünen Gang. Kurios ist zum Beispiel der Pagodenspeicher aus dem 19. Jahrhundert an der Unteren Querstraße. Man braucht nur mit offenen Augen durch die Stadt zu schlendern.

Die Fischer von Neustadt in Holstein, so heißt es, fangen ihren Fisch auf schonende Art und Weise, so dass Beifang stark reduziert wird. Drei Mal in der Woche bieten sie ihren Fang vor dem Fischeramt an, donnerstags, freitags und samstags.

An der Promenade in Haffkrug kann man sich auf einen *Fischerei-Erkundungspfad* begeben und alles über die Fischarten und Fangmethoden in der Ostsee erfahren. Über einen Audioguide schildert der Fischer Lothar Frehse anekdotenreich das Küstenleben.

Als eine der besten Fischbrötchenquellen auf der oben erwähnten Straße gilt das *Café Thienemann's* am schöenn Marktplatz von Neustadt. Vom Frühstück über kleinere und größere Gerichte wie Holsteiner Kartoffelsuppe und Labkaus locken die Torten in der Vitrine, darunter Rhabarber-Baiser und Erdbeer-Marzipan.

Café Thienemann's
Kremper Straße 1
23730 Neustadt
T. 04561-5281603
cafe-thienemanns.de

Zeit für Fischbrötchen! Am besten gleich am Hafen kaufen und die Umgebung bei Sonnenschein genießen.

Mittelalterliche Boomtown
Lübeck

Es gibt Städte, die sind wie Inseln. Unterhalb der Lübecker Bucht liegt die Altstadt zwischen der Trave und ihrem Nebenfluss Wakenitz. Lübecks Keimzelle, vom Wasser umzingelt. Hier weht Weltkulturerbeluft. Neben dem Holstentor, dem Dom und den Salzspeichern üben die alten Gänge eine besondere Faszination aus. Am besten spaziert man kreuz und quer durch die Altstadt. Entdeckt einige Gänge, während man andere übersieht. Oft duckt sich ein Gang quasi in ein Haus hinein, so niedrig, dass man sich hinabbeugen muss. Und manchmal steht man vor verschlossener Tür. Aber da sind ja noch genügend andere Optionen.
Es gibt rund 90 in der Altstadt, zählt man die Höfe und Torwege dazu. Als Lübeck im Mittelalter boomte, wurde der Platz auf der Insel knapp. Die Hinterhöfe wurden mit einfachen Buden zugebaut, begehbar durch schmale Gänge. Ein Ort der Handwerker und Tagelöhner. Später wurden Steinhäuser daraus. Heute stellen die Gänge Oasen inmitten der Stadt dar.
Nach dem Besuch der „Niederungen“ empfiehlt sich Lübeck von oben, am besten in Sankt Petri. Nur 54 Stufen und dann trägt einen

Europäisches Hansemuseum
An der Untertrave 1
23552 Lübeck
T. 0451-8090990
hansemuseum.eu

Lübeck ganz klassisch: Der Markt mit dem Rathaus, Paradebeispiel norddeutscher Backsteingotik.

der Kirchen-Aufzug in luftige Höhen. Die Sicht auf Holstentor, Salzspeicher und Trave ist es wert. Bei gutem Wetter reicht der Blick bis zur Ostseeküste. Wird es im Herbst früher dunkel, erlebt man die Stadt neu. Denn im Nachtschein der Laternen wirkt das alte Lübeck besonders heimelig und hübsch.

Besonderes & Schönes

Wer die Stadt mal von der Wasserseite kennenlernen will, könnte sich zum einen für eine sportliche Tour entscheiden. Entweder mit SUP, Kajak oder Kanu. Für eine schöne *Stehpaddel-Tour* startet man zum Beispiel an der Wakenitz, unweit der Altstadtinsel. Auch Anfängerkurse sind möglich.

Oder man lässt sich mit einer original Hamburger *Hafenbarkasse* durch die Gegend schippern. Los geht es An der Obertrave bei der sogenannten Liebesbrücke. Einmal gemütlich um die Altstadtinsel und zum Elbe-Lübeck-Kanal.
Am modernen *Europäischen Hansemuseum* fasziniert schon der Backstein, der auf traditionelle Weise handgepresst und aus der

Holzform kommt. Die Architektur wirkt schlicht bis verschlossen, auf den Verteidigungscharakter der Stadtmauer anspielend. Und doch wird sie an einigen Stellen aufgerissen, schafft Fluchten, horizontale Öffnungen und sogar eine ornamentale Struktur, die an Gotik erinnert. In das Museum konnten archäologische Funde eingegliedert werden. Und wer sich für die Hanse interessiert, ist sowieso richtig.

Surf-Center Lübeck
Wakenitzufer
23564 Lübeck
T. 0451-796482
surf-center.de

Stühff
Lübecker Barkassenfahrt
An der Obertrave 14
23552 Lübeck
T. 0451-7078222
luebecker-barkassenfahrt.de

Von der neuen Architektur des Europäischen Hansemuseums führt ein Weg zu den gotischen Mauern des angrenzenden Burgklosters.

Unweit des Elbe-Lübeck-Kanals bricht sich das Sonnenlicht an den riesigen Fenstern des *Cafés Affenbrot* im Kulturzentrum Werkhof. Egal ob Frühstück, Mittag- oder Abendessen – im Affenbrot kommt Vegetarisches in Bio-Qualität auf den Tisch. Am liebsten mit regionalen Produkten zubereitet. Und vegane Optionen sind ebenfalls möglich.

Kuchengenüsse und Herzhaftes im historischen Ambiente bietet das *Wiener Caféhaus*. Mit großen Fensteröffnungen lädt es in das gotische Kanzleigebäude neben dem Rathaus ein, hier wurde Hansegeschichte geschrieben. Im 16. und 17. Jahrhundert kamen Erweiterungen im Stil der Backsteinrenaissance hinzu. Im Café fehlt die Wiener Melange mit Schlagobers genauso wenig wie Marillenknödel und Kaiserschmarrn.

Um Marzipan kommt man in Lübeck nicht herum. Hersteller wie Niederegger, Mest oder Carstens bieten die Mandelmasse variationsreich verarbeitet an. Im *Marzipan-Museum* kann man sich ausführlich über die Geschichte informieren. Denn bevor der gute Stoff von Zuckerbäckern verarbeitet wurde, gelangte er im Mittelalter in die Apotheken. Erst im 19. Jahrhundert war Marzipan auch für breitere Bevölkerungsschichten erschwinglich. Das Museum ist über den Verkaufsräumen von Niederegger zu finden.

Café Affenbrot
Kanalstraße 70
23552 Lübeck
T. 0451-72193
cafeaffenbrot.de

Wiener Caféhaus
Breite Str. 62
23552 Lübeck
T. 0451-2969895
wienercafe-luebeck.de

Niederegger Marzipan-Museum
Breite Straße 89, 2. OG
23552 Lübeck
T. 0451-53010
niederegger.de/cafe-niederegger/marzipanmuseum

Umarmt vom Wasser
In Ratzeburg

Unruhig wirft der See Wellen vor sich her. Zetert, spritzt und schäumt. Eine Gruppe junger Leute kommt aus den Umkleiden des Strandbads. Die Frau, die normalerweise die Hydrobikes und Schwimmschuhe ausgibt, macht die Schotten dicht. Heute kommt niemand mehr, um auf lustigen Plastik-Skiern über das Wasser zu wandeln. Alles zittert, die Pontons, die Rutsche, die Stege, die ins Wasser führen. Man muss sich schon festhalten, um nicht unfreiwillig im Wasser zu landen. Die Enten kümmert die durch den Wind aufgewühlte Stimmung des Sees wenig, sie haben sich den Steg zum Schlafen ausgesucht und stecken die Köpfe ins Gefieder. Gegen Abend schmeißen die Möwen eine lautstarke Party,

Der Abend neigt sich über Ratzeburg, am Küchensee herrscht betörende Ruhe.

So kann man sich leicht orientieren: Die Altstadtinsel wird vom Ratzeburger Dom als höchstem Gebäude gekrönt.

während sich weiter draußen ein Schwan von Blesshühnern umzingelt sieht. Seine bessere Hälfte wacht am Strand, gemeinsam mit dem Lüttten.

Während der Ratzeburger See dem Nordwestwind ausgesetzt ist, geht es auf der anderen Seite der schmalen Landzunge rund um den Lüneburger Damm ruhiger zu. Zwar pfeift es genauso durch das Schilf des Küchensees, doch bleibt dieser selbst ungerührt. Glasklar das Wasser, bis auf den Boden kann man sehen. Schwalben jagen über die Wasseroberfläche, die rund um den Steg von Seerosenblättern gesprenkelt ist.

Die Ratzeburger müssen es als Privileg empfinden, umarmt vom Wasser auf einer Stadtinsel zu leben. Schon früh wurde die Insel besiedelt, damals noch aus Gründen der Verteidigung. Ein Stück hölzernes Fundament des Rondells einer Wallanlage aus dem 16. Jahrhundert ist unweit der Badestelle zu erkennen.

Das gesamte Herzogtum Lauenburg gilt als wasserreich dank seiner 40 Seen, fast wähnt man sich in Finnland. Gemeinsam mit Domsee, Großem und Kleinem Küchensee umgibt der Ratzeburger See die Altstadt.

Und oben auf der Dominsel fällt der Blick auf das seenreiche Umland.

Besonderes & Schönes

Ratzeburger Dom
Domhof 18
23909 Ratzeburg
T. 04541-3406
ratzeburgerdom.de

Ratzeburg ist alt, was oftmals zu Liebe auf den ersten Blick führt, vor allem in Kombination mit dem umgebenden Wasser. Vor 950 Jahren fing alles mit der Burg eines slawischen Fürsten an, Ratibor, der dann auch Namensgeber der Stadt wurde. Im 12. Jahrhundert ließ Heinrich der Löwe den Dom erbauen, so heißt es, heute eines der ältesten Bauwerke von Schleswig-Holstein. Die dreischiffige romanische Basilika wurde im 13. Jahrhundert vollendet, wodurch einige der Rundbögen zu Spitzbögen mutierten. Auf dem höchsten Punkt der Insel liegend, dominiert die Gesamtanlage das Stadtbild und zählt mitsamt gotischem Kreuzgang und Klosterbauten zu den am besten erhaltenen spätromanischen Ensembles in Europa.

Staunen, schlemmen & shoppen

Rund um die Ratzeburger Seen lässt es sich gemütlich eine 26 Kilometer lange Runde radeln. So bewegt man sich auf beiden Seiten der ehemaligen innerdeutschen Grenze. Die Strecke ist ausgeschildert und beginnt an der Schlosswiese. Der erste Stopp heißt Bäk, wo man sich im gleichnamigen Eiscafé auf der Schulstraße erfrischen könnte. Auch Römnitz und Utecht liegen auf der Ostseite des Sees, die naturbelassen wirkt und die Heimat diverser Wasservögel bildet. Über Poogez geht es auf der Westseite zurück.
Noch vor der Buchholzer Badestelle besteht die Möglichkeit, in *Lödings Bauernhof am See* einzukehren. Das Frucht-Café bietet

besten Seeblick und je nach Saison Obsttorten aus eigener Herstellung. Im Hofladen gibt es neben Spargel, Himbeeren etc. eigene Marmeladen sowie das Fleisch der Schweine, die zuvor auf dem Hof im offenen Stall lebten und einen Wellnessbereich zum Wühlen hatten.
Bei Einhaus lockt die Himmelswiese als weitere Badestelle. Und schon bald findet man zurück ins schöne Ratzeburg.

Auch ohne Radtour lässt sich ein schönes Plätzchen zum Speisen am See finden, nämlich bei Familie *Jobmann* auf der Schlosswiese. Fischwirt Rüdiger setzt auf Nachhaltigkeit und sorgt dafür, dass immer genug Jungfische im See schwimmen. Im Hofladen werden selbstgeräucherter Aal ebenso wie frischer Barsch und Fischbrötchen feilgeboten, während im Restaurant zum Beispiel Hechtklößchen und je nach Jahreszeit Silbermaränen auf den Teller kommen.

Lödings Bauernhof am See
Auf dem Ortskampe 1
23911 Buchholz
T. 04541-801713
spargelbuffet.de

Fischerei Jobmann
& Fischerstube
Schlosswiese 2
23909 Ratzeburg
T. 04541-3559
fischerei-ratzeburg.de

Wer vom Dom zum Ratzeburger See hinabläuft, gelangt zum Aussichtspunkt Barlachblick, einer Eckbastion der barocken Festung.

Das Landleben auf Gut Groß Zecher Glücklich am Schaalsee

In der Küche der Kutscherscheune duftet es nach frisch gebackenem Pflaumenkuchen. Bis Anfang Oktober kann der hohe Bedarf im Café von einem Obstbauern aus dem Nachbardorf gedeckt werden. Auf Gut Groß Zecher wird am liebsten mit regionalen, saisonalen Zutaten gebacken und gekocht. Schon am Abend zuvor gab es Fisch aus dem Schaalsee. Kleine Maränen, frisch gefangen und gebraten, dazu Bratkartoffeln und Salat. Am Schaalsee geben sich Schleswig-Holstein und Mecklenburg-Vorpommern die Hand, hier verlief ein Stück der innerdeutschen Grenze. Früher war also nicht viel los. Heute gilt der See als UNESCO Biosphärenreservat, in dem die Natur sanft und achtsam genutzt wird. Das bedeutet, Maräne, Barsch, Hecht und Aal nachhaltig zu fischen. Die drei Berufsfischer legen spezielle Reusen aus, aus denen sich ein am Schaalsee lebender Otter zur Not selbst befreien könnte.

Es wird Zeit, sich dem See zu widmen und eines der Kanus der Kutscherscheune auszuleihen. Paddelnd arbeiten wir uns durch

Dieses Exemplar einer Kreuzung von Haus- und Wildschwein freut sich über die Besucher.

Am schönsten ist es, über den stillen Schaalsee zu paddeln und sich manchmal im Schilf zu verlieren.

das Uferschilf in Richtung Sonne vor. Der Herbst ist die ideale Zeit für Aktivitäten rund um den See. Wandern, Vögel beobachten, Radfahren, Pilze sammeln.

Und nachher in der Küche brutzeln. Denn damit sind die Wohnungen und Ferienhäuser der *Kutscherscheune* allesamt ausgestattet, sogar für die Doppelzimmer gibt es einen Gemeinschaftsbereich mit Küche. Der Gutshof ist seit dem 17. Jahrhundert im Besitz der Familie von Witzendorff. Doch erst Hannelore von Witzendorff hat sich auf Tourismus spezialisiert. Gemeinsam mit ihrer Tochter bringt sie Leben in die historischen Gemäuer. Das reicht von Sommerkonzerten bis hin zu Picknicks am See oder ganzen Hochzeiten.

Als wir über den länglichen Schaalsee paddeln, entfernen sich die Gebäude des Gutshofes immer mehr. Mitten auf dem Wasser merkt man die Strömung und den Wind. Immer wieder landen wir im Schilf. Theoretisch wäre es möglich, über die verbundenen Seen und die Wakenitz bis nach Lübeck zu gelangen. Aber am Schaalsee ist es zu schön. Und da steht noch ein Kuscheltermin auf dem Gut an. Denn die Hausherrin liebt Tiere. Und so stehen wir mit einem Mal einer Kreuzung aus Haus- und Wildschwein von beachtlicher Körpermasse gegenüber. Diverse Familienmitglieder

mit ebenfalls borstigem Haar wollen gekrault werden. Besonders vorwitzig und aufgeregt sind die Ferkel. Immer wieder recken sie ihre Nasen neugierig in die Höhe und wollen uns ein wenig beknabbern.
Als Hannelore von Witzendorff ihre Kuhwirtschaft aufgab, schenkten ihr die Mitarbeiter des Hofs ein Kalb. Zu Rosa gesellte sich bald Zwillingsbruder Pontus, inzwischen sind sie erwachsen und halten gerade Siesta auf der Weide zwischen Pferden und Maultieren. Als wir uns nähern, gibt Rosa sich die Ehre. Und die Hofherrin wirkt glücklich inmitten ihrer Tiere. Hinzu kommt die Ruhe des Schaalsees. Das Leben inmitten der Natur.

Besonders & Schönes

Das *Gut Groß Zecher* zählt zur Gemeinde Seedorf am Schaalsee und ist seit 1681 im Besitz der Familie von Witzendorff. Heute kann man dort Urlaub machen oder einfach gut speisen. Das Wild stammt aus eigener Jagd, der Fisch kommt aus dem See, das Mehl wird aus dem Weizen der eigenen Äcker gemahlen. Zudem steht Chef Ariel Muniz für eine regionale Küche. Einige Klassiker der Kutscherscheune sind veganer Gemüsestrudel, Wildburger und Kutschertorte.

Manchmal rasten Hunderte von Kranichen im Naturpark Lauenburgische Seen. Ein Seeadler zieht über die Wiesen, die hügelige Landschaft wurde von der Eiszeit geprägt. Zum Radfahren und Wandern eignet sich die wald- und wasserreiche Gegend perfekt. Es existieren ausgeschilderte Wege, die jeweils mit unterschiedlichen Symbolen gekennzeichnet sind. So führt der blaue Delfin etwa auf eine siebeneinhalb Kilometer lange Tour von der Seedorfer Kirche durch Laubmischwald zum Schaalsee.

Gut Groß Zecher
Kutscherscheune
Lindenallee 15
23883 Groß Zecher
T. 04545-8514010
gutgrosszecher.de

Kreis Herzogtum Lauenburg
Fachdienst Naturpark
Lauenburgische Seen
Farchauer Weg 7
23909 Fredeburg
T. 04541-861517
naturpark-lauenburgische-seen.de

Ein Abstecher nach Mölln mutet wie eine Reise ins Mittelalter an. Und an Till Eulenspiegel, dem bekanntesten Einwohner wird an jeder Ecke gedacht. Im gemütlichen *Café Markt* sitzt man stilecht unter Holzbalken oder mitten im Geschehen draußen auf dem Platz. Bisweilen stehen Stachelbeer-Baisertorte und Zimt-Mandelwaffeln auf der Karte. Oder Herzhaftes wie Rote Bete-Carpaccio und Fischerschmaus mit Nordseekrabben. Man fühlt sich wohl inmitten hübscher Fachwerkhäuser. Und manchmal spaziert Eulenspiegel höchstselbst über das Kopfsteinpflaster.

Landleben pur im *LiLa Hofladen*. Draußen grunzen die Freilandschweine, kräht ein Hahn, während die Hennen im Gras picken, und ein Stück weiter die Kartoffeln wachsen. Familie Ladewig verkauft eigene Produkte sowie solche aus der Region, darunter Eier, Milch, Obst und Gemüse. Es gibt sogar frisch gebackenen Kuchen zum Mitnehmen oder auf die Hand.

Café Markt
Marktstraße 3
23879 Mölln
T. 04542-86569
cafe-markt-cafe.business.site

LiLa Hofladen / Hof Schmidt
Büchener Landstraße 2
23899 Besenthal
T. 04547-273
lila-hofladen.de

Viele kommen aus kulinarischen Gründen zum See, denn in der Kutscherscheune werden nicht nur fantastische Torten kreiert.

224

Bildnachweis
Alle Fotografien inklusive Cover wurden von Elke Weiler angefertigt, bis auf
huber-images, Garmisch-Patenkirchen: S. 154 (Sabine Lubenow), 168 und 171 (Günter Gräfenhain), 176/177, 194 und 213 (Christian Bäck)
Imago images, Berlin: S. 48 (imagebroker)

Impressum
Bibliografische Information der Deutschen Nationalbibliothek
Die Deutsche Nationalbibliothek verzeichnet diese Publikation in der Deutschen Nationalbibliografie; detaillierte bibliografische Daten sind im Internet über http://dnb.d-nb.de abrufbar.
ISBN 978-3-8319-0835-6

Alle Angaben in diesem Buch sind gewissenhaft geprüft. Preise, Öffnungszeiten etc. können sich aber schnell ändern. Daher können Autoren und Verlag keine Gewähr für die Richtigkeit übernehmen. Für Anregungen, Berichtigungen und Ergänzungsvorschläge sind wir dankbar. Bitte senden Sie diese an:

Ellert & Richter Verlag
Borselstraße 16 C
22765 Hamburg
info@ellert-richter.de
www.ellert-richter.de
www.facebook.com/EllertRichterVerlag
Instagram: @ellert_richter_verlag

Text und Bildlegenden:
Elke Weiler
Gestaltung:
BrücknerAping Büro für Gestaltung, Bremen
Gesamtherstellung:
ADverts Printing House, Riga, Lettland